요령 없는 인생
타협 없는 신앙

요령 없는 인생 타협 없는 신앙

이금자 지음

코람데오

추천사

이 땅에 강한 것이 있다면, 이 땅에 높은 것이 있다면 “어머니”일 것입니다. 그 품은 한없이 깊고, 한없이 넓습니다. 품어내지 못할 것이 없습니다. 한 여인으로서의 여생보다 일평생 어머니로서 살아가는 길은 참으로 노고와 애환으로 가득합니다. 이제는 세월이 흘러 흰 눈발이 그 머리 위에 소복하게 내려앉아 고향 길 굽이굽이에 하얀 미소로 가득합니다.

우리 늘푸른교회 은퇴 권사님이신 이금자 권사님의 이야기는 찐 보리밥 맛이 납니다. 거칠지만 달콤합니다. 갓 삶아 내어 온 보리밥 맛입니다. 권사님은 딸과 아내로서, 어머니의 이름으로 거친 여정의 발걸음을 옮기셨지만, 글을 읽는 우리 모두의 입 속에서 그 삶의 향기를 머금고 숙연하게 합니다.

성경 이야기 가운데 믿음의 선조로 기록되고 있는 야곱은 파란만장한 삶을 살았습니다. 그러나 벧엘과 브니엘에서 더 이상 야곱이 아니라 그 삶은 하나님의 스토리로 바뀌어집니다. 그래서 야곱의 이야기는 축복을 향합니다. 히브리서는 “그 지팡이 머리를 의지하여 하나님을 경배하였다”고 평가합니다. 야곱의 삶은 하나님 앞에 영광으로 담판지어 결론을 맺습니다.

권사님의 글 속에서 "내가 나 된 것은 하나님의 은혜입니다. 험한 시험 물속에서도 건져주시고 넘지 못할 높은 산도 넘게 하시고 가시밭길도 잘 걷게 하신 것은 주님의 은혜와 사랑입니다. 내 힘으로는 감당할 수 없는 일들을 감당하게 하신 하나님께 영광을 돌립니다."라는 야곱과 같은 고백을 마주합니다.

매일 정해진 시간에 기도하시는 권사님을 만나게 됩니다. 기도의 자리는 어머니를 강하게 하였습니다. 기도의 열정은 곧 승리의 길로 이끌었습니다. 기도의 열매는 하나님의 영광입니다.

우리 권사님은 삶의 굴곡에서도 언제나 하나님을 예배하기 힘쓰며 신앙으로 다시 일어납니다. 언덕길을 오를 때도, 내리막길에 섰을 때도 언제나 기도하시는 "엄마"입니다. 이 자리를 빌려 기도의 눈물로 걸어내신 삶의 여정을 축복하고 응원합니다. 모쪼록 주님과 동행하는 이 길 위에서 더 강건하시고 믿음의 어머니로 넉넉히 승리하시기를 축복합니다.

별이 머무는 주님의 뜰 늘푸른 목양실에서

담임목사 이동호

머리말

하나님의 은혜로 팔십 생일에 두 번째 책을 내게 됨을 감사드립니다. 아무것도 모르는 내가 글을 쓰고 책을 내게 된 것은 하나님의 인도하심입니다.

험한 시험 물속에서도 건져주시고, 넘지 못할 높은 산도 넘게 하시고, 가시밭길도 잘 걷게 하신 것 주님의 은혜와 사랑입니다. 내 힘으로는 감당할 수 없는 일들을 감당하게 하신 하나님께 영광을 돌립니다.

내 삶을 바라보며 항상 격려하시는 목사님께서 "권사님, 권사님의 생의 기록을 써 보세요." 하는 말씀에 힘을 얻어 두 번째 책을 만들었습니다.

지금까지 하나님께서 인도해 주신 제 인생 이야기를 담았습니다. 고된 인생의 길 가운데 하나님의 섭리가 가득했습니다. 그 은혜를 나누고자 합니다. 읽는 이들에게 작은 감동이 된다면 그것만으로 충분합니다.

문학적으로는 아무런 가치가 없는 것 같아서 부끄럽고 송구하지만, 하나님을 믿는 여러분들 가운데 혹시라도 넘지 못할 산이 있습니까? 하나님이 함께하심을 믿으시기를 바랍니다.

책을 읽는 모든 분께 감사드립니다.

늘푸른교회

은퇴권사 이금자

Contents * *

*

아름다운 산골 마을에서 학교에 다니는 것은 여간 즐거운 일이 아니다. 책과 공책, 연필 두 개가 딸칵거리는 양철 필통을 싼 책 보따리를 허리에 매고 한걸음에 학교를 오갔다. 비 오는 날에는 우산도 없이 질퍽거리는 길로 열심히 다녔다. 비에 젖은 소똥을 밟지 않으려고 요리조리 피하면서 잘도 다녔다.

PART 1

나의 어린 시절

복음 • 홍역 • 호롱불 • 땜질 • 6.25 전쟁 • 외가 • 하나님이 살아계심 • 여동생 • 어머니의 회개 • 배고픔의 아픔 • 초등학교와 사과 • 어머니의 기도와 찬양 • 장거리 심부름 • 거창으로 이사 • 어머니의 병환 • 달리는 차에 불이 나다 • 새집으로 이사 • 고등학교 선생님 • 친구의 죽음 • 죽은 친구 대신 딸이 되다 • 아림예술제 백일장 입선

복음

내 나이가 다섯 살이 되던 추운 겨울로 기억된다. 큰언니는 열 살, 작은언니는 일곱 살, 세 자매가 무릎을 꿇고 얌전하게 앉아 있었다. 어른들이 연신 방문을 열고 들어서서 우리 세 자매를 보고 웃으며 무슨 말을 했지만 아무것도 알아들을 수가 없었다. 일본에서 돌아와 일본 말만 할 줄 알고 한국말을 전혀 하지 못했기에 알아들을 수도 없고 말을 할 수도 없었다.

며칠이 걸렸는지 우리 식구는 연락선을 타고 고국으로 돌아왔다. 8.15 해방 전이다. 아버지는 일찍이 맏형을 따라 일본에 유학을 갔다. 장난감 총으로 새를 잡으려다가 일본인 집 유리창을 깨뜨려 조선 사람이라 구제받지 못했다. 그 일로 퇴학을 당한 뒤, 자동차 학원을 졸업해 택시 운전사로 일하면서 부모님이 정한 혼처로 결혼을 했다.

결혼 후 3년 만에 고국을 다녀가면서 어머니는 첫딸을 낳았다. 그 후 다시 3년 만에 남편이 있는 일본에 가서 둘째도 딸을 낳았고, 셋째로 내가 태어났다. 남아선호사상이 대단한 때에 셋째 딸인 나를 낳고 어머니는 매우 실망스러웠다고 한다.

그런데 내 두 살 아래로 남동생이 태어나 우리 가족은 무척 행복했다. 아버지가 택시 운전을 하시며 어렵지 않은 형편이었다. 덕분에 고국에 계신 부모 형제를 도우며 논도 몇 마지기 사 둔 것도 있었다. 그런데 막상 살게 된 집은 문중에서 조상들을 위해 제사를 지내는 제각이었다.

덩그러니 높이가 있어 몇 칸의 계단이 있고 큰 마루 밑에 부엌이 있었다. 우리 집을 지을 동안만 제각에 산다고 했다. 그런데 그 이듬해 여름, 큰 홍수로 인해 큰집이 홀랑 떠내려가는 바람에 큰댁 식구와 돌아가신 할아버지 혼백까지 모시게 되었다.

우리 집을 지으려고 준비한 모든 목재와 자재로 큰댁 식구가 집을 지어 이사를 갔고, 우리 가족은 높고 덩그런 제각에서 한동안 계속 살았다. 제사를 지내는 날에는 우린 숨을 죽이고 있었다. 나는 셋째 딸로 태어나 당시로서는 가치 없는 존재였다.

그러나 2년 후 남동생이 태어나 그나마도 터를 잘 팔았다고 귀여움을 받았었는데, 내가 일곱 살이 되던 정월에 다섯 살 된 그 남동생이 아프기 시작했다. 백방으로 약을 쓰고, 손을 비비며 무당에게 굿도 하고, 침술이 뛰어나다는 한의원 여러 곳을 찾아다녔지만 안타깝게도 동생은 그 제각에서 죽었다.

딸 셋을 낳고 얻은 귀한 생명의 죽음으로 어머니는 실신하고 말았다. 어린 나에게도 슬픈 마음은 말할 수가 없었다. 아버지는 농사일도 해보지 않아 힘든데, 흉년이 들어 대구에 취직하러 간 사이에 이런 일을 당하게 된 것이다. 아버지가 돌아오시던 날, 우리 집은 또 울음바다가 되었다. 아버지는 동생에게 주려고 선물을 사 가지고 오셨다. 신발이며 장난감 총이며….

어머니는 연신 정신을 잃었다. 헛소리, 불면증에 아이를 찾는 외마디 소리로 신음했다. 그때 어린 우리 딸 셋은 몸 둘 바를 몰랐다. 온 집안 어른들이 엄마를 염려하며 아까운 사람 놓치겠다고 걱정들이셨다.

어느 날 문중에 할머니 한 분이 찾아오시어 잠이 안 올 때 읽으라고 책을 한 권 주고 가셨다. 그 후 어머니는 잠이 안 올 때마다 그 책을 읽기 시작하면 어느새 잠도 잘 오고 자고 나면 마음이 안정되곤 했는데, 그 책이 바로 복음이 되는 성경책이었다. 어머니는 그때부터 하나님을 믿게 되었다.

어머니는 제각에서 살기가 싫다며 이사를 했다. 우리 대소가 집안에서 제일 부잣집인 종가댁 아래채로 옮겼다. 우리는 그 집을 큰 큰집이라 불렀다. 해방 직후 거듭되는 흉년에 온 동네가 가난했지만 큰 큰집은 잘 살았다. 머슴은 큰 머슴, 작은 머슴, 꼴머슴 세 명이었고 식모도 두세 사람 되었다. 나는 큰 큰집이 무척 부러웠다.

때로는 큰 큰집의 도움도 받았지만 늘 도움을 받을 순 없었다. 먹을 것이 너무 없어서인지 감꽃을 지릅대에 끼워 말려서 먹기도 하고, 바람이 불면 담 밑에 떨어지는 살구도 줍고, 새벽에 나가 골목에 떨어진 풋감을 주워다가 물에 담가 삭혀서 먹기도 했다. 나는 무척 부지런하다고 어른들에게 칭찬을 받았다.

홍역

일곱 살에 초등학교 입학을 했는데 동네 앞 냇물을 건너서 거리가 좀 있는 학교에 다녔다. 아버지는 그 학교 서무 선생님으로 근무하셨고, 나는 큰언니와 작은언니랑 함께 학교에 다니는 것이 무척 재미있었다. 선생님의 귀여움도 받고 공부도 잘했다. 학예회 무용수로도 뽑혀 열심히 연습했다.

그런데 가을 학예회를 앞두고 홍역에 걸려 눕게 되었다. 심지어 죽은 동생 아래로 태어난 남동생에게로 홍역이 옮아 갔다. 보석보다 소중한 동생이 홍역에 걸렸으니 어머니의 마음은 어떠했으며 아버지의 마음은 어떠했으랴. 나의 마음에도 동생이 낫기를 소원했다.

온 동네 사람들이 문병을 와서

"한집에 둘이 아프면 하나는 죽는다는데, 가시나 저게 죽어야 하는데…."

내가 죽어야 한다고 난리들이었다. 한 동네에 홍역이 들어오면 집집마다 아이들이 죽어 나가던 때라 모두 내가 죽기를 바랐다. 더욱이 내 바로 아래 남동생이 죽은 지 얼마 되지 않았기 때문이다. 당시 일곱 살이었던 나 역시 '맞아. 맞는 말이야. 내가 죽어야 해. 내 동생이 죽으면 안 돼.'라고 얼마나 생각했는지 모른다.

밤이 지나고 아침이 오고, 또다시 밤이면 너무 높은 열로 인해 천장이 빙빙 돌아가고 사르르 까무러쳤다가 정신이 돌아오곤 했다. 그렇게 며칠이 지났는지 동생도 살고 나도 살아났다.

내가 홍역을 치렀던 그해 가을, 학교에서 열리는 학예 발표회를 기대하며 정말 열심히 무용 연습을 했는데 자리에 누워있어 너무 슬펐다. 온 가족은 학교에 가고 큰 큰집 형님이 밥을 지어 수저를 걸쳐 주는 것을 먹으면서 훌쩍 훌쩍 울었다.

*

호롱불

내가 2학년이 되던 해, 더 깊은 시골 마을로 이사했다. 물방앗간을 사서 그것을 사업장으로 삼고 이사를 했으니 남들이 부러워하는 물방앗간 집 딸이었다. 볼 모양 없는 농토를 팔아 대토를 하고 초가삼간 아래채에는 디딜방아와 헛간, 변소가 있었다. 큰 큰집 아래채에 살 때를 생각하면 얼마나 좋은지 엄마가 무척이나 좋아하셨다.

싸리 울타리에 싸리로 엮은 사립문을 나서면 아름드리 큰 정자나무가 있고, 정자나무 밑에는 넓고 큰 반석이 깔려있어 여름이면 찌는 듯한 더위를 피해서 동네 사람들이 잠시 쉼을 누렸다. 아래쪽에는 도랑물이 흐르고 펼쳐진 들판을 지나면 냇물이 흐르고 건너편에는 신작로가 있고 들판 끝에는 학교가 보인다. 우리 가족은 이곳에서 무척 행복했다.

초등학교 2학년, 그때부터 큰방 청소와 마루 청소는 내 몫이었다. 작은방, 갓방, 마당 청소는 작은언니가 맡았고 부엌일은 큰언니가 했다. 나와 작은언니는 동네 공동 우물에서 물을 길어 왔다. 양동이에 막대기를 끼워 어깨에 메고, 물을 길어 나르기가 힘이 들어도 부엌 큰 항아리에 가득 채워야 했다.

동네 사람들은 농사일과 삼베, 무명베, 누에고치로 명주를 짜는 길쌈을 했는데, 엄마는 오랫동안 일본에서 살았기에 못하는 길쌈을 따라 하시느라 고생이 많으셨다. 아버지는 자전거를 타고 4km 거리 신작로를 지나 초등학교에 출퇴근하셨고, 우리는 일본에서 입던 옷들이 많아서 그리 궁색하지 않았다. 아버지가 학용품도 잘 사다 주셨고, 공책과 필통도 잘 정리해 주셨다. 다른 아이들이 갖지 못하는 공을 사다 주셔서 학교에 가져가면 친구들이 많이 따르기도 했다.

여름이 되면 삼(대마) 농사를 많이 지어 삼대도 벗기고 가을이면 닥나무도 벗기며 어른이 하는 일들을 많이 했다. 당시 동네에는 거지들이 끼니때마다 밥을 얻으러 떼를 지어 다녔다.

저녁이 되면 봉창으로 희미한 호롱불 빛이 새어 나온다. 그저 캄캄한 것만 면할 정도의 불빛에 큰언니는 큰 솥을 씻고 나는 부엌 바닥을 쓸고 설거지를 마쳤다. 때마침 밥을 얻으러 온 거지가 밥그릇을 쑥 내밀면서 말도 없이 서 있었다. 얼마나 가슴이 덜컹하고 놀랐는지 아무것도 할 수 없었다. 그런데 언니는 나의 치맛자락을 꼭 잡고 거지 팔 밑으로 싹 빠져나가 마루를 딛고 방으로 들어섰다. 큰언니는 체구가 작아도 야무지고 담대함이 있었다.

밤이면 다섯 살 아래 남동생이 대변을 봤다. 어둡고 험한 변소에 어린 것이 갈 수가 없으니 엄마는 요강을 챙겨 주라고 명령하셨다. 작은언니가 본인이 비우기로 한 요강을 끌어안고 있으니 엄마가 고함을 치셨다. 나는 엄마가 무섭고 마음이 약해서 내가 비워야 할 요강을 주곤 했다. 동생의 똥이 너무 더럽지만 두말하지 않고 난 계속 그렇게 했다. 딸 셋에 아들 하나. 내 남동생을 그렇게 애지중지 사랑했다.

땜질

물방앗간을 하고 논농사와 밭농사까지 하니 양식은 모자람이 없어도 봄이면 쑥밥, 여름에는 꽁보리밥, 겨울에는 무밥이나 시래기밥 이렇게 먹어야 했다. 그것도 따로따로 밥을 주지 않고, 딸 셋은 양푼에 함께 비벼 먹게 했다.

양푼이 한 바퀴 빙 돌아 먹던 숟가락이 바뀌어도 우린 다투지 않고 사이좋게 지냈다. 지금 생각하면 웰빙 음식을 일찍부터 먹은 셈이다. 그래서 지금까지 건강한 것일까 하는 생각을 해본다.

물방앗간 봇물 길을 수리할 때면 엄마는 인부들 밥해 주느라 바쁘셔서 1.5km 정도 떨어진 술도가에 술을 받아오라고 나를 보냈다. 비가 오는 날에 우산도 없이 한 되쯤 되는 양은주전자를 들고 갔다. 오전과 오후로 하루에 두 번이나 갈 때면 무척 지루하고 가기 싫었지만, 껌이나 사탕 하나 값만 더 주면 그나마도 신나는 심부름이었다. 엄마는 거의 나에게만 많은 일을 시키셨다. 딸 셋 중 셋째인데 덩치가 큰 탓일까.

큰언니가 육학년 때 저녁 설거지를 하다가 그릇에 금이 가면서 깨지기 직전이었다. 엄마가 알면 큰일 난다고 언니가 얼마나 걱정을 하는지 우리 세 자매는 궁리 끝에 때워서 쓰면 된다는 결론을 내렸다. 그때 마침 초등학교 지붕 수리를 하고 있을 때라 땅에 떨어져 있는 회반죽 덩어리를 주워다가 갈아서 물로 반죽해 갈라진 그릇을 때웠다. 어른들이 시멘트 가루로 그릇을 때워 쓰는 것을 봤기 때문이다. 다음 날 그릇을 옮기려다가 더 박살이 나고 말았다. 언니는 엄마에게 큰 꾸중을 들었다. 그래도 우린 어머니 아버지 말씀에 순종하며 다투지 않고 정답게 지냈다.

봄이면 개나리와 진달래가 곱게 핀 뒷동산에 봄나물을 캐고 산딸기를 따러 다녔다. 여름이면 집 앞 큰 정자나무의 그늘을 놀이터로 삼았다. 더위를 피하는 어른들은 장기와 바둑을 하고, 아이들은 땅따먹기와 숨바꼭질하며 재미있게 놀았다. 가을이면 보리똥, 머루, 다래를 따고, 가을 추수 후에는 팥시루떡을 해서 집집마다 나르기도 했다.

아름다운 산골 마을에서 학교에 다니는 것은 여간 즐거운 일이 아니다. 책과 공책, 연필 두 개가 딸칵거리는 양철 필통을 싼 책 보따리를 허리에 매고 한걸음에 학교를 오갔다. 비 오는 날에는 우산도 없이 질퍽거리는 길로 열심히 다녔다. 비에 젖은 소똥을 밟지 않으려고 요리조리 피하면서 잘도 다녔다.

일요일엔 엄마를 따라 4km를 걸어 교회를 다녔고, 장날에도 자갈이 깔린 신작로를 걸어 다녔다. 어머니는 일본에서 입으시던 벨벳 치마 양단 저고리를 입고 학부형 회의와 교회에 다니셨다. 아버지는 자상한 분이셨다. 언제나 단정하게 이발을 시켜주셨고, 손톱 발톱도 깎아주셨다. 한지로 공책과 연습장을 만들고 연필도 깎아 주셨다.

동지섣달 긴 긴 밤에는 호롱불을 밝혀 놓고 어머니 아버지가 고전을 번갈아 읽어 주셨다. 아버지는 글 읽는 솜씨는 네 엄마가 훨씬 낫다고 칭찬하시며 재미있어하셨다. 그런 모습을 보며 우린 무척 행복했다.

물방앗간을 맡아 일하던 외삼촌은 저녁마다 우리에게 노래를 시키고 자신은 노랫소리가 크게 들리라고 항아리 안으로 목을 넣고 노래를 부르곤 했다. 아마도 마이크 대용으로 그렇게 하신 것 같다.

6.25 전쟁

여름 모내기가 끝나고 음력 6월 15일 유두라는 날이 되면 논귀마다 떡과 전을 가져다 놓는다. 아마도 풍년을 기원하는 뜻으로 했던 것 같다.

내가 초등학교 3학년 때로 기억된다. 부잣집 머슴 뒤를 따라다니며 논귀마다 놓인 떡과 전을 거두어 집으로 오는데, 총소리가 탕! 탕! 연발로 하늘을 뒤덮었다. 너무 놀라 떡 소쿠리는 어떻게 했는지도 모르고 집으로 달려왔다.

엄마는 일본에서 전시를 겪은 경험이 있어 두꺼운 이불로 온 벽을 가리고 우리를 이불 속으로 밀어 넣었다. 숨도 크게 쉴 수가 없었다. 6.25 전쟁이 벌어졌다는 소식은 들었지만, 이렇게 빨리 우리 동네까지 올 줄은 상상도 못했던 것 같다. 맞은편 신작로에 인민군이 줄지어 오는 것을 보시고는 빨리 피난 가자고 하셨다.

초여름부터 서울에는 난리가 났다고 하면서 피난민들이 눈에 보이긴 해도 이렇게 급박한 상황에 놓일 줄은 생각도 못 한 일이라 우리 가족은 정신이 없었다. 전에 준비해 두었던 보리 미숫가루와 흰떡 말린 것을 싸고 간단한 취사도구와 옷가지를 챙기는 어머니와 아버지의 손놀림은 공포 그 자체였다.

그런데 군화 발소리가 벌써 우리 집 마당에서 났다. 마당에 인민군들이 빽빽이 들어온 것이다. 멀리 보이는 초등학교 지붕 위로 연신 총알이 튀고, 학교에 주둔하고 있던 경찰관은 짚차 한 대가 와서 신고 갔다. 차를 놓친 경찰관 한 명이 인민군에게 총살당했다는 소문이 있었다.

피난을 가려고 나서는 우리 식구들을 가로막으며 밥을 해달라고 했다. 총 칼 앞에 어쩔 수 없었다. 어머니는 밥솥에 쌀을 씻고 불을 때는데 인민군들이 마당에 한가로이 놀고 있는 닭들을 마구 잡아 목을 비틀더니 끓여 달라고 했다. 그러고는 인민군 한 사람이 달걀을 사 오라고 나에게 심부름을 시켰다.

달걀을 파는 집을 찾아 윗마을로 갔는데 이미 마을 사람들은 피난을 가고 모든 집이 비어 있었다. 이 골목 저 골목에서 총을 메고 다니는 인민군들을 보니 간이 콩알만 해지는 것 같았다.

집으로 돌아오니 어머니는 팥죽 같은 땀을 흘리며 하얀 쌀밥과 닭국을 담고 있었다. 그들은 많은 양의 밥과 국을 퍼 들고 어디론가 가면서 마당 한쪽에서 한가로이 졸고 있는 삽살개도 몰고 갔다.

우리가 명절에만 맛볼 수 있는 닭을 다 잡아 인민군의 먹거리로 제공하고 우리 여섯 식구는 피난길에 올랐다. 돌아갈 수 없는 집을 뒤로한 채 더 깊은 산속 동네로 들어갔다. 어머니 친정 친척 집을 찾아가는데 등에 땀이 줄줄 흘렀다. 나는 취사도구를 머리에 이고 연신 가까이서 나는 폭격 소리를 들으며 첩첩산중으로 들어갔다.

그 집에서 며칠이 지났는지 기억나지 않지만 총소리, 비행기 소리, 폭격 소리가 좀 멀리서 들리는 것 같아서 아버지가 집을 다녀오신다고 했다. 아버지가 오시기까지 우린 얼마나 걱정을 했는지 모른다. 집을 다녀오신 아버지는 마을 사람들이 모두 돌아왔다며 우리도 집으로 돌아갔다.

그때부터 마을은 인민군 세상이 되었다. 학교 가는 것은 중단이 되었고 인민군은 비행기 폭격을 피해 산속 소나무 밑에 아이들을 모아 놓고 노래를 가르치게 했다. 피난 가지 못한 음악 선생님은 학교 풍금을 산속 소나무 밑에 옮겨놓고 김일성 노래를 가르쳤다. 그렇게 해야만 했다.

장백산 줄기줄기 피어린 자국
압록강 굽이굽이 피어린 자국

이런 가사였다. 이후 들은 이야기지만, 그 음악 선생님은 인민군 노래를 가르친 죄로 잡혀가 심한 고문을 받아 일찍 세상을 뜨셨다고 한다.

아래 윗동네 그 골짝 전체에서 우리 어머니만 교회를 다니셨다. 아버지는 믿음이 없기 때문에 걱정이 이만저만이 아니셨다. 누군가에 의해 고발되면 온 식구가 총살을 당한다고 하시며 노심초사하셨다.

우리 집으로 피난 와 계신 친할머니께서는 인민군을 무척 싫어하셨다. 인민군만 보이면 찌는 듯 더운 날씨에도 문을 꼭 닫고 계셨다. 그들이 먹던 밥상이라고 땅바닥에 밥그릇을 놓고 잡수시고 나쁜 놈들이 먹던 상에 차리지 말라고 하셨다. 사실 할머니는 평소에도 너무 예의가 바르셔서 나의 친구가 와도 앉아 계시다가 일어서시는 분이다.

"할머니, 왜 그러세요?"

"내 집에 오는 사람은 아이고 어른이고 모두 손님이다."

할머니는 황희 정승 후손이라서인지 글도 좋으셔서 문중 자녀 혼사에 사돈에게 보내는 글을 쓰시곤 하셨다.

*

외가

6.25 전쟁 발발 후 큰 외삼촌이 보도연맹에 연루되어 총살당했다. 사상이 불순한 것이 아니라, 어린 나이에 아는 이가 찾아와 도장이 필요하다고 해서 찍어준 것으로 인해 집단으로 총살당했다. 꽃다운 20대에 외숙모는 어린 아들 둘 데리고 청춘과부가 되었다.

셋째 외삼촌은 입대 후 백마고지에서 전사하고 셋째 외숙모는 딸 하나에 20대 초반 과부가 되었다. 외할아버지는 아들 둘을 잃고 화병으로 돌아가셨다. 외가가 몰락해 가는 것을 보며 어머니는 무척 가슴 아파하셨다.

이제 인민군들은 저들의 세상이라고 활개를 치고 다니며 월남한 내 친구 아버지도 총살하고, 양조장 집 친구 아버지도 죽이며 마구잡이로 죽이는 판국이었다.

어느 날, 집 앞 정자나무 밑에서 사람들을 모아 놓고 인민위원회를 한다더니 우리 아버지가 인민위원장이 되었다. 동네 이장이 된 셈이다. 산골 마을에 한글을 제대로 아는 사람도 없고 동네에서 할 만한 사람이 없다고 감투를 씌운 것이다.

아버지는 어머니가 교회 다니는 것 때문에 걱정하다가 안도의 숨을 쉬는 것 같았다. 아버지는 성경을 없애자고 어머니에게 강요하셨다. 그러나 어머니는 죽어도 그건 안 된다고 하시며 밤마다 싸우시는 것을 보았다.

아버지는 어머니에게 간곡히 부탁하셨다. 마음으로만 믿고 문제가 될 성경 찬송을 불에 태우자고 달래기도 하고 호되게 야단을 치시기도 하셨다. 어머니는 성경책을 가슴에 품고 다니셨다. 찬송가는 보자기에 돌돌 말아서 큰언니 허리춤에 묶어 숨긴 채 그해 여름을 지냈다.

*

하나님이 살아계심

매일매일 부상당한 인민군들이 후퇴하면서 위원장 집이라고 찾아 들어오는 바람에 어머니는 그들에게 밥해 먹이시느라 고생이 말도 못할 지경이었다. 동네 남자들은 의용군 보국대로 소집당하고 지루한 여름이 지나 추석이 가까울 무렵 후퇴하는 인민군들이 줄을 잇는다. 저들은 후퇴하면서도 대구 부산만 점령하면 좋은 세상이 되는 것은 시간문제라고 하면서 보급을 가지러 간다며 북으로 이동하고 있었다.

온 식구가 잠든 한밤중에 고함 소리에 어머니가 나가보니 인민군 여러 명이 서서 남자를 찾았다. 모두 보국대 가고 없다고 하니 어머니에게 길을 안내하라고 했다. 앞장서서 가는데 어머니는 왠지 이대로 끌려가 돌아오지 못할 것 같은 생각이 들었다고 한다. 모유 수유하는 아기가 있어서 젖이 자꾸 흘러 더 가지 못하겠다고 하니 풀려나 되돌아온 적도 있다.

그 당시 어머니는 막내 여동생을 임신 중이었고 방안에는 아버지와 사촌 오빠, 외삼촌까지 잠을 자고 있었다. 어머니는 지혜롭게 어려운 고비를 넘겼다. 그렇게 얼마 후 인천 상륙작전으로 우리 국군이 북진하면서 밤에는 산속에 숨어 있던 인민군 잔당들이 마을에 내려와 닥치는 대로 탈취해 가면서 마을에는 대소동이 벌어졌다. 인민군 패잔병들이 소를 몰아가고 쌀도 빼앗아 가고, 심지어 곶감을 깎아 처마 밑에 달아 놓은 것까지 다 걷어 갔다는 소문이 돌았다.

어느 날 오후, 공포탄이 세 번 울리면서 국군들이 우리 집에 들이닥쳤다. 어머니는 마당 한가운데 죄인처럼 서 있고 국군들은 군화를 신은 채 방마다 저벅저벅 다니며 벽장을 총 끝으로 찔렀다. 우리 사 남매는 사시나무 떨듯 공포에 질려 방구석에 서 있었다.

아버지가 인민위원장을 했다고 잡으러 온 것이다. 아버지를 어디에 숨겼느냐고 엄마의 가슴에 총부리를 겨누고 바른대로 말하라고 했다. 큰집에 제사 지내러 갔다고 하니 마을마다 뒤지며 왔다며 거짓말한다고 호통을 쳤다.

때마침 들어오는 머슴에게 주인 숨긴 곳을 말하라고 했다. 모른다고 하니 총으로 머슴을 확 밀쳐 넘어지게 했다. 온 집을 구석구석 뒤져도 아버지를 찾지 못하자 몇 명의 군인들이 어머니를 둘러서고 총끝을 어머니 가슴에다 겨누고 남편을 찾아내지 않으면 온 가족이 몰살당한다며 으름장을 놓았다.

어머니는 차분한 목소리로 말씀하셨다.

"제 남편은 사상이 불순하여 위원장을 한 것이 아니에요. 동네 사람들이 뽑아서 부득이하게 되었어요. 그리고 저는 하나님을 믿기 때문에 공산당 사상과는 거리가 먼 사람이에요."

그러자 그 말을 우리가 어떻게 믿느냐고 아주머니가 교회를 다녔으면 그 증거를 보여 달라고 했다. 큰언니가 성경 찬송을 들고 마당으로 내려갔다. 그들은 혹시 이 상황을 모면하려는 수작으로 여겼는지 찬송가를 불러보라고 했다.

내 평생소원 이것뿐 주의 일 하다가
이 세상 이별하는 날 주 앞에 가리라
꿈같이 헛된 세상일 취할 것 무어냐

이 수고 암만하여도 헛된 것 뿐일세
불같은 시험 많으나….
_ 찬송가 450장

어머니와 큰언니가 이렇게 3절을 부르는데, 한 국군이 어머니의 손을 잡고 눈물을 글썽이며 말했다.

"저도 교인입니다. 이렇게 믿음이 좋으신 분인 줄 몰랐습니다."

그제서야 어머니 가슴을 겨냥했던 총부리가 내려졌다. 남편이 돌아오거든 같이 지서에 가서 자수하면 죄를 묻지 않겠다는 약속을 하고 국군들은 떠나갔다. 울타리 밖에서 염려하며 숨을 죽이고 지켜보던 마을 사람들도 안도의 숨을 쉬며 돌아가고, 그 이튿날 아버지가 돌아오셔서 자수하고 선처를 받았다.

그때 공산치하에 작은 일에라도 협조한 사람은 6~7년 징역을 살았다고 들었다. 이 일을 통해 우리는 정말 하나님이 살아 계셔서 역사하심을 깨달았다. 생사가 걸렸던 그 사건은 우리에게 평생토록 믿음의 증거가 되고 있다.

*

여동생

이듬해 정월 초하루 설날에 작은언니와 나는 큰집에 갔다. 맛있는 음식을 먹으며 친절하신 큰어머니와 다정한 사촌 올케랑 즐거운 시간을 보냈다. 아버지와 큰언니는 출산이 임박한 어머니 곁에 있어야 했기 때문에 큰집에 함께 가지 못하고 집에 머물렀다.

이튿날 저녁 무렵에 아버지가 오셔서 딸을 낳았다고 하셨다. 큰집 모든 식구가 실망한 표정이었고 사촌 오빠는 큰소리를 쳤다.

“쓸 데도 없는 가시나들 다 보기 싫다!”

큰집에도 사촌 오빠와 사촌 언니 이렇게 남매 둘뿐이어서 남자 사촌 동생을 기다린 모양이다. 언니와 나는 너무 서러웠다.

딸 셋, 아들 하나. 이번에 남자 동생이 태어났으면 얼마나 좋았을까 하는 생각에 나는 한동안 여동생을 예뻐하지 않았다.

어머니는 산후가 좋지 않아 고생하셨다. 산골짜기에서 아무런 대책 없이 지내다가 다슬기국이 좋다는 소문을 들었다. 그러나 정월 추위에 다슬기를 구할 방법은 없었다. 가만히 있을 수 없었는지 큰언니가 다슬기를 직접 잡으러 가자고 했다.

정월 보름이 조금 지나 큰 추위는 지났지만, 시냇물이 꽁꽁 얼어붙어 있었다. 내 생각에는 엄두도 못 낼 일인데 큰언니는 얼음을 깨고 점심나절이 넘도록 다슬기를 잡았다.

시리다 못해 깨지는 듯한 손을 입김으로 녹이며 한 마리 한 마리 잡은 것이 놋그릇 뚜껑으로 하나가 되었다. 잡은 다슬기를 끓여 어머니께 드렸다. 우리의 정성과 기도를 하나님이 들으시고 건강을 회복시켜 주셨다. 우리 세 자매는 밤마다 어머니의 말에 순종하며 예배를 드렸다.

어머니의 회개

아버지는 무죄로 인정받았지만 인민군들이 북상하면서 마을 사람의 소 두 마리를 몰고 간 것을 변상하라는 통보와 함께 서무 선생직에서 해고되었다. 아버지가 감당하기에는 벅찬 일들이었다. 더 이상 농촌에 살아야 할 이유가 없다고 생각을 하셨는지, 아니면 뒤에라도 후환이 두려워서인지 정든 고장을 떠나기로 결심하셨다.

아버지는 일본에서 운전하셨던 경력으로 취직하러 대구에 가시면서 모든 것을 정리하셨다. 대구에는 아버지의 누님이신 나의 고모가 계셨다. 누님을 의지해서 가신 아버지는 한 달이 넘도록 소식이 없었다. 전화도 전보도 모르던 때라 어머니는 아버지 소식이 궁금해서 갈피를 잡지 못해 걱정하시다가 나를 데리고 4km 길을 걸어서 큰집으로 갔다.

매서운 바람에도 추운 줄도 모르고 자갈이 깔린 신작로를 부지런히 걸었다. 큰집에 도착하니 사랑방에 많은 사람들이 모여 있었다. 양단 치마저고리에 배자까지 입은 잘생긴 여자가 아랫목을 차지하고 앉아 있었다. 아주 유명한 명도 점쟁이라고 했다.

엄마가 들어서자 엄마를 쳐다보면서 점쟁이는 "지화가 난다. 지화가 난다. 어허! 운수대통 지화가 난다." 하면서 운전하는 시늉을 하며 핸들을 돌리고 있었다. 대구 가신 아버지의 소식이 궁금해 견딜 수 없었던 어머니는 점쟁이의 말을 믿고 기분이 좋아 집으로 돌아왔다. 그 후에도 오랫동안 아버지 소식은 없었다.

그러던 어느 날 아버지는 초췌한 모습으로 오시어 이사하는 것을 보류해야 한다고 하셨다. 이유인즉슨 운행 중에 술 취한 사람이 차 옆으로 넘어져 다치는 사고가 있어 5일 동안 구류를 살고 몇 개월 동안 운전면허가 정지된 상태라고 하셨다.

어머니는 다시금 하나님 앞에서 눈물로 회개하셨다. 그리고 이곳에서 더 머물 수 없어 대구로 이사하기로 결정했다. 이삿짐을 옮기기 위해 트럭을 대절했는데, 온 동네 사람들이 차가 들어 올 수 있는 학교 운동장까지 이삿짐을 옮겨 주며 헤어짐을 아쉬워했다.

작은언니는 6학년 졸업을 앞두고 있어서 친한 이웃집에 머물기로 하고 난 트럭을 타고 정든 곳을 떠나오면서 흐르는 눈물을 주체하지 못했다. 친구들과의 헤어짐이 아쉬워 그곳 마을이 보이지 않을 때까지 울었다.

배고픔의 아픔

나는 4학년을 마쳤으니 5학년에 전학을 해야 하는데 전학하지 못하고 몇 달이 지났다. 아버지의 정지된 면허증이 풀리고 얼마를 지내면서 다시 취직자리를 물색하고 있을 때 아버지는 군속 운전병으로 소집 영장을 받았다. 나라에서 운전 기술병이 필요하니 아버지를 데려간 것이다.

우리 여섯 식구는 타향에서 막막한 지경에 놓였다. 당시 나라에서는 가족이 굶어 죽든지 말든지 아무 상관이 없었다. 어머니는 생계의 어려움이 눈앞에 닥쳐 밑천도 경험도 없는 장사를 시작했지만, 고생만 이어질 뿐 장사는 되지 않아 그만뒀다.

당장 다음 달 집세 낼 돈이 없어 걱정 중인데 우연히 길거리에서 어머니 친정 쪽 친척을 만났다. 아랫방이 비어 있으니 이사를 오라고 해서 우린 그 집으로 이사했다.

그 집은 식모도 있는 양조장 사장 집이었다. 그 집 아들은 대학생이었는데 여대생과 어울려 춤추고 술도 마셨다. 그 방에는 축음기가 있어 늘 노랫소리가 흘러나왔다.

하얀 쌀밥이 구정물에 버려지는 아주 부잣집이었다. 나는 식모하고 친하게 지내면서 쓰레기 버리는 일과 물 긷는 일을 도와주면서 밥도 많이 얻어먹었다.

이제 방세는 걱정 없지만 먹고 살아갈 생활비가 없었다. 어쩔 수 없이 어머니는 일본에서 딸 셋을 위해 혼숫감으로 마련해 두었던 비단과 아버지 양복 코트마저 팔았지만, 며칠 못 가서 생활비는 바닥이 나고 말았다.

주위에서는 딸 셋을 남의 집에 보내라고 야단들이었다. 어머니는 새벽마다 교회에 나가 얼마나 울부짖어 기도했는지 목이 쉬어 있을 때도 많았다.

6.25 직후라 대구에는 피난민이 들끓었다. 시내 곳곳에 행상인들로 붐볐고 거지도 떼를 지어 다녔다. 우리 세 자매는 학교 가는 것은 엄두도 못 내고 큰언니와 작은언니는 친척의 소개로 공장에 취직했다. 이웃 사람들은 형편도 어려운데 입 하나라도 덜면 그게 어디냐며 나를 남의 집에 주라고 어머니에게 권하곤 했다. 어머니는 굶기든 먹이든 남의 집에는 보낼 수 없다고 딱 잘라 말씀하셨다.

봄날은 따스하고 해는 긴데 우리는 배고픔의 아픔을 겪었다. 어머니와 나는 시내를 벗어나 먼 거리를 걸어 들에 있는 봄나물을 뜯어 삶아 무쳐 먹기도 했지만 허기진 배를 채울 수가 없었다.

양조장 할머니는 일요일만 되면 절에 가셨다. 식모 손에 쌀을 들려서 좋은 옷을 차려 입고 금가락지 금비녀를 하고 다니시는데 보살님이라고 했다. 어머니가 새벽마다 교회에 가는 것을 못마땅히 여기며 아랫방에 사는 사람이 먼저 대문을 열면 주인집이 재수가 없다며 대문을 먼저 열지 못하게 했다.

대문이 겹으로 되어 있었는데 바깥 대문만 열고 나가는 것도 완강히 못하게 했다. 방세도 없이 은혜를 입고 사는 어머니로서는 어쩔 수 없는 일이었다. 새벽기도에 가야하는 어머니는 고민 끝에 길가 쪽으로 난 작은 창문을 넘어 다니셨다. 새벽마다 나를 깨우면 난 어머니의 발을 받쳐 주고 책가방과 고무신을 넘겨 주곤 했다.

고향에 사는 큰집 사촌 오빠가 기술병으로 징집당한 아버지 소식을 듣고 찾아와서 입 하나라도 줄여야 한다고 나를 큰집으로 데려갔다. 큰집도 어렵기는 마찬가지였다. 큰아버지가 송기를 벗겨 와서 송기떡도 해 먹고, 풋보리를 베다가 가마솥에 쪄서 말려 디딜방아에 찧어 음식을 장만했다.

난 큰어머니와 사촌 올케언니를 도와 디딜방아를 열심히 찧고 청소도 하고 할머니 심부름도 곧잘 했다. 큰집 모든 식구가 친절하게 베풀어 주신 것을 생각하면 지금도 가슴이 뭉클하다.

찐 보리쌀이 정말 맛있어서 한참 먹다가도 목이 메었다. 사랑하는 어머니와 언니, 동생 생각에 주머니를 만들어 모아뒀지만 보낼 수가 없었다. 보리가 익어 타작하니 양식이 풍족했다.

배가 부르니 어머니와 형제들이 보고 싶어서 견딜 수가 없었다. 뒷마당에 숨어 눈물을 흘리다가도 누가 볼까 봐 얼른 멈추고 아무렇지도 않은 것처럼 조카를 업어주고 집안일을 도왔다. 풍족하게 배를 채워도 어머니와 형제를 향한 그리움은 깊어만 갔다.

집 떠난 한두 달 동안 몇 년이 지나간 것 같았다. 찌는 듯이 더운 어느 날 어머니가 막내 여동생을 업고 오셨다. 나를 데리러 오신 것이다. 땀을 줄줄 흘리며 두툼한 간고등어를 사 오셔서 일가친척 집에 나누어 주셨다.

다음날 오후, 김천 시내로 나와 이모 집에 들러 하룻밤을 지내고 완행열차를 타고 집에 돌아왔다. 살던 집으로 들어서는데 아랫방으로 들어가지 않고 안대문을 거쳐 그 큰 위채로 들어갔다. 양조장 주인이 부도가 나서 고향으로 이사를 가고 집이 팔릴 때까지 우리에게 맡겨진 것이다.

작은방과 아랫방까지 하숙을 하게 되어 형편이 나아졌다. 아버지는 훈련을 마치고 군부대 식량 보급 차량을 배치받아 운전하게 되었다. 함께 근무하게 된 선임하사가 우리 가정 형편을 듣고는 딱하게 여겨 안남미도 건빵도 된장도 조금씩 주기도 했다.

그해 일 년 동안의 고생은 십 년도 더 되는 세월처럼 느껴졌다. 우리가 고생할 때 무척 안쓰러워하시면서 양식을 갖다주시곤 했던 고모님, 대고모님도 우리 형편이 조금 나아지니 안도의 숨을 쉬시는 듯했다. 대고모님은 어릴 때 고생은 사서라도 해야 한다고 하시며 대구에 와서 겪은 훈련 덕분에 잘살게 될 거라고 위로하시며 도움을 주신 분이다.

초등학교와 사과

나는 초등학교 5학년 중간에 전학했다. 시골에서는 공부를 잘하는 편이었는데 그냥 놀아버린 탓인지 모두가 내겐 생소했다. 국어는 따라 하겠는데 산수는 두 자릿수가 넘어가면 캄캄했고, 분수와 소수점 같은 응용문제는 엄두도 못 냈다.

반 아이들과는 친하게 지냈고, 오락 시간이면 노래할 사람은 노래하고 이야기할 사람은 이야기하는데 나는 노래할 자신이 없어 6.25 때 겪은 일들을 간단하게 말해 주었다. 어떻게 피난을 갔는지 얼마나 간담이 서늘했는지를 이야기했다.

그 후로 반 아이들이 나를 무척 좋아했고 선생님도 시간만 나면 6.25 때 겪은 일들을 말해 달라고 하셨다. 대구와 부산은 점령되지 않아 격전을 모르기 때문이었다. 5학년 반년, 6학년 일 년 동안 친구들과 무척이나 재미있는 나날을 보냈다.

6학년 초여름, 아버지가 다녀가시면서 용돈을 주셨다. 처음 받은 용돈이라 너무 좋아서 어디에 쓸까 생각하다가 어찌나 사과가 먹고 싶은지 구멍가게를 하는 친구와 친구 어머니를 따라 동촌 사과 도매시장에 갔다. 새벽시장에는 온통 사과뿐이다. 이름도 모르는 사과가 얼마나 맛있었는지 그 사과 70원어치를 쌀 10되를 담을 수 있는 광목 자루에 가득 담았다.

그것을 머리에 이고 6km 거리를 땀을 줄줄 흘리며 집에 돌아오니 온 집안이 난리가 났다. 자고 나니 아이가 없어졌다는 것이다. 어머니는 얼마나 걱정을 하셨는지 하숙생들에게도 도움을 청해 동네 밖 신작로까지 연신 들락거리며 찾았다고 한다. 그러다가 내가 나타나니 모두 무척 반가워하다가 사과 자루를 보고 놀랐다. 억척이라고 야단들이었다.

여름 가뭄이 심하면 수돗물 급수가 되지 않아 낮은 지역에서 물을 길어 날랐다. 한 말짜리 양철통을 양쪽에 짊어지고 수없이 날랐다. 6학년 한 해가 어떻게 지나갔는지 공부를 한다고 했지만, 워낙 기초 실력이 없어서 좋은 중학교 시험에 떨어져서 야간 중학교에 다녔다. 그때부터 나는 집안 살림을 전담하게 된 셈이다.

아버지가 군수품을 보급하는 지역은 경상남도 거창군 가조면 비계산이란 곳이다. 때때로 집에 오실 때는 그곳 특산물인 송이버섯과 고구마도 사 오시고 땔감도 차에 얹어 오셨다. 그렇게 아버지가 집에 오시는 날에 우리 집은 완전 축제 분위기였다. 온 식구가 얼마나 행복했는지 모른다.

*

어머니의 기도와 찬양

얼마 후 살던 집이 팔리고 셋방으로 이사를 했다. 어머니는 언제나 교회에 열심을 다하셨는데, 교인들과 기도원에 가신 어느 날 밤에 도둑이 들어 우리가 잠들어 있는 틈에 가지고 갈 만한 것은 다 가져갔다. 모두가 가난한 때라 입고 다니던 옷과 신발, 주전자도 가져갔다. 당장 학교에 입고갈 옷이 없어 막연했다. 가까이 사는 사촌 언니에게 달려가 사실을 알렸더니 급하게 재봉틀에 옷을 만들어 주었다.

며칠이 지나 어머니가 기도원에서 돌아오셨는데 이 사실을 알고도 조금도 걱정하는 기색이 없으셨다. 갖가지 염려되는 현실인데도 괜찮다며 연신 찬양을 하셨다. 어머니는 완전히 변하여 돌아오셨다. 어머니의 얼굴에는 눈물 아니면 웃음이었다.

오 남매를 하나하나 끌어안고 기도하면서 엄마가 너희들에게 잘못한 것이 많다고 회개하며 우셨다. 하나님께서 이곳까지 인도해 주심이 은혜였다고 기뻐하시고, 또 예수님의 십자가 공로로 구원받음에 감격하여 눈물을 흘리시곤 하셨다.

그 후로는 기도원에 같이 갔던 교인들이 찾아와 매일 찬양하며 기도모임을 했다. 알고 보니 기도원에서 성령의 불 체험을 하셨다고 한다. 기도원 산에서 기도 중에 불같은 성령이 임하여 어머니는 혼수상태였고, 주위는 원을 그린 것처럼 환하게 광채가 나고 있더라는 것이다.

주위에 기도하던 사람들이 몰려와 "나도 불! 나도 불!" 하며 어머니 팔을 잡는 사람, 치마를 잡는 사람, 모두 직접 체험했기에 기쁨이 충만했다.

어머니는 늘 찬양하면서 "눈물 없이 못 가는 길 배고파도 가야 하고 죽더라도 가야 하고 주님 제자 베드로는 거꾸로도 갔사오니" 이 찬송을 부르시곤 했다.

대구 남산교회는 교인 수도 많고 12명의 장로, 여전도사, 사찰 집사도 있었다. 어머니는 시골에서 이사와 출석 교인으로 다니고 있었는데, 새벽기도 시간에 목사님께서 성령의 인도하심을 받는 분이 기도하라고 하시는 말씀에 어머니가 대표기도를 하게 되셨다. 얼마나 성령님이 강하게 역사하셨는지 목사님과 참석한 성도들이 은혜를 받았다. 목사님이 오늘 새벽에 기도한 사람이 누구냐고 물어보셔서 구역장을 통해 알려지게 되고, 어머니는 그해 집사 직분을 받아 섬기면서 매일 밖으로 출입이 많아졌다.

나는 살림을 맡아 집안일을 하고 생활필수품을 사러 다녔다. 싼 것을 구입하기 위해 남산동에서 서문시장까지 먼 길을 걸어 다녔다. 어머니의 외출 준비도 항상 도와드렸다. 고무신을 하얗게 씻어놓고 외출 갔다 오시면 요강까지 갖다 드렸다. 언제나 한복 차림이시기에 재래식 화장실이 불편할 것 같아서였다.

장거리 심부름

아버지가 3년의 군속 임무를 마치고 제대하면서 그곳에서 사업을 시작했다. 아버지의 사업이 바빠지니 생활비를 가지러 어머니가 다녀오기도 하셨지만 나를 보내기도 했다. 하루에 그곳을 운행하는 버스는 두세 번 정도 다니는데 낙동강 다리가 6.25 전쟁 때 끊어져 버스가 배에 실려 건너가야 했다.

장거리에 멀미로 고생고생하면서 아버지가 유숙한다는 여관을 찾았다. 여관집 아주머니와 할머니가 친절히 대해 주시면서 많이 바쁘신지 3일 동안 오시지 않았다고 하시며 아버지가 계신 곳을 찾아가려면 30리를 걸어가야 하니 날이 저물어 오늘은 자고 내일 가라고 하셨다.

여관집 할머니 곁에서 자고 아침에 일찍 서둘러 길을 나섰다. 그곳은 군용 트럭이나 만나면 태워 줄까 교통수단이 전혀 없는 곳이다. 행선지를 알아 길을 나서니 걸어가는 사람이 많았다. 몇십 리를 걷는 것은 시골 사람들에게는 기본이었다.

같이 걸어가는 사람들은 서로 어디를 가느냐고 물었다. 내가 아버지를 찾아간다고 하니 아버지가 보급품을 싣고 다니면서 그 골짝에 사는 사람들을 자주 태워 주셨다고 하면서 나를 아버지가 계신 곳까지 안내해 주었다. 그분들은 아버지가 국회의원에 출마하면 다 찍어 줄 거라며 재미있게 이야기하면서 함께 30리를 걸어갔다.

그런데 아버지는 그곳에 계시지 않았다. 산판에서 통나무를 제재소로 운반하는 사업인데 작업이 늦어서 늦게야 돌아오셨다. 아버지는 어린 내가 찾아온 것을 보고 깜짝 놀라셨다.

"네 엄마가 올 줄 알았는데 어떻게 네가 이렇게 먼 길을 왔어? 잠시만. 오늘 일요일이라 돈을 바꿀 데가 없는데…."

그러고는 십 원, 일만 원, 오천 원, 천 원 묶음 열다섯 뭉치를 주셨다. 책가방에 가득 돈을 넣고 위에는 책으로 덮어 돈이 보이지 않게 했다. 아버지는 군부대 군용차 운전기사에게 거창까지 데려다줄 것을 부탁하셨다. 버스가 있으면 다행이지만 아무래도 없을 것이라며 아버지가 유숙하는 여관에서 자고 가라고 당부하고 일터로 가셨다. 현장 일이 무척 바쁘신 것 같았다.

여관에 도착해서 버스 시간을 물으니 이미 다 지났다고 하길래 혹시 트럭이라도 만나면 타고 갈 생각으로 차가 없으면 돌아오겠다고 인사를 하고 나섰다. 대구로 가는 길목에 서서 지나가는 트럭마다 손을 들었다. 고령이나 합천까지는 가도 대구까지 가는 차는 없었다.

계속해서 차가 지나갈 때마다 손을 들어 물어보았다. 마침 큰 트럭에 나무를 가득 실은 차가 가까워져 손을 번쩍 들었다. 대구까지 간다고 하시며 태워 주셨다. 어디 갔다 오느냐 이것저것 대답하다 보니 아버지를 잘 아시는 분이었다. 차가 무척 귀할 때라 좁은 지역에 운수업 하는 분들끼리는 서로 잘 아는 것 같았다.

비포장도로에 속력을 냈지만 긴 여름 오후도 금방 어두워졌다. 낙동강을 배로 건너야 하는 곳에 오니 앞에 밀린 차가 12대나 있었다. 시간으로 계산하니 내일 아침에나 건너게 된다는 말에 나는 가슴이 철렁했다. 돈 가방을 들고 어떻게 밤을 새우나 싶었다. 운전기사 아저씨도 내려서 쉴 참이었다.

나는 줄줄이 늘어선 차들을 지나 제일 앞에 대기한 차에 앉아 있는 아저씨에게 대구까지 태워달라고 부탁드렸다. 운전기사 아저씨는 학생이 내일 학교에 가야지 하면서 타라고 하셨다. 확답을 들은 후 타고 왔던 차로 달려가 인사를 하고 앞에 있는 차를 탔다. 대구 시내에 들어와 서문시장 근처에 오니 집까지 찾아갈 수 있을 것 같았다. 아저씨께 고맙다는 인사를 공손히 하고 차에서 내려 종종걸음으로 집에 들어서니 저녁 아홉시였다.

어머니는 깜짝 놀라시며 어떻게 이 시간에 오느냐고 물었다. 어머니도 아버지 계신 곳을 여러 번 다녀 보아서 얼마나 교통이 불편한가를 잘 알기 때문이다. 오늘 집까지 온 경로를 말씀드리면서 돈을 드리니 대견해하셨다. 아버지께서 차비와 용돈을 하라고 700원을 주셨는데 차비를 쓰지 않아 고스란히 남았다고 하니 어머니는 필요할 때 줄 테니 맡기라 하시기에 맡긴 후 받아쓰지 못했다.

*

거창으로 이사

아버지는 사업에 바빠서 집에 자주 오시지 못하셨다. 어머니는 가족이 함께 살아야 한다며 우리는 아버지가 계신 거창으로 이사했다. 언니는 직장과 학교 때문에 당분간 교회 집사님 댁에 머물기로 하고 다섯 식구가 된 우리는 아버지 트럭에 이삿짐을 가득 실었다. 나는 짐 사이에 자리를 잡고 앉아 4년간 정든 대구를 멀리하며 눈물을 쏟았다. 정든 친구들과 헤어짐, 고생했던 시간들, 언니들과 잠시 헤어짐이 나를 슬프게 했다.

거창에 도착해서 짐을 풀었다. 남의 집 아래채 방 하나에 부엌은 넓었다. 나는 여기서 거창여중 2학년에 전학하고 친구들을 많이 사귀었다. 가는 곳마다 친구들이 나를 좋아해 줘서 기뻤다.

나는 날마다 아침 일찍 일어나 식구들을 위해 밥을 하고 설거지까지 해 놓고 학교에 다녔다. 어머니는 별로 할 일이 없는데도 습관처럼 집안일을 나에게 맡겼다. 다섯 식구 밥 빨래 살림살이가 쉽지가 않은데 나는 힘들다는 말 한마디 못하고 그렇게 지냈다.

어느 날 아침 좀 늦게 일어나서 허둥지둥 밥을 했지만, 학교 갈 시간이 되어 책가방을 들고 나서니 어머니가 설거지통 구정물을 머리에 덮어씌운다. 설거지도 하지 않고 학교에 간다고 화가 잔뜩 난 것이다. 설거지를 하고 머리를 감고 교복을 손질해서 입고 학교에 가니 이미 두 시간이나 지난 뒤였다. 결석하고 싶었지만 학교를 다니지 말라고 할까 봐 두려워서 늦어도 학교에 갔다.

거창에 이사를 오니 이곳 사람들은 집도 있고 부자처럼 보이는데 여자는 중학교에 보내지 않는 집이 많았다. 당시 시골에서는 여자가 고등학교에 다니는 것이 흔치 않았다.

주인집의 처녀 언니가 아침에 있었던 일을 본 모양이다. 너무 안쓰러워하면서 자기 방으로 오라고 하더니 "너네 친엄마가 아니지?" 하고 조심스레 묻는다. 친엄마라고 하니 의아해했다. 나는 엄마가 왜 그렇게 모질게 일을 시키는지도 모르고 그냥 시키는 대로 말없이 순종했다.

이듬해 언니들도 다 와서 큰언니는 성경학교 선생을 하고 작은언니는 고등학교 2학년으로 전학 와서 일곱 식구가 함께 모여 화목하게 살았다. 어머니는 딸 셋을 매일 새벽기도에 데리고 다녔다. 교회 생활을 열심히 하시면서도 엄격하기로는 말도 못할 정도였다.

몹시 추운 겨울 아침에 늦잠이 들어 일찍 일어나지 않는다고 문을 활짝 열고 벗어놓은 신을 머리 위로 집어 던져서 얼마나 놀랐는지 그 후로는 한 번도 늦게 일어나지 않았다. 다음 해에 큰언니는 부산에 가서 양재학원에 다니고, 작은언니도 졸업 후 큰언니가 있는 부산으로 가서 미용학원에 다녔다. 여전히 살림은 내 몫이었다.

*

어머니의 병환

어머니는 항상 피곤해하셨고 몸을 움직이기 싫어하시더니 갑자기 얼굴색이 노랗게 되면서 자리에 누우셨다. 진찰을 받으니 황달이라고 한다. 모두 수군수군하는 말을 들으니 황달은 잘 낫지 않는 병이라고 했다. 왜 그렇게 화가 많고 움직이기를 싫어하시나 했는데 몸이 아파서 그런 줄을 몰랐다. 아버지는 매일 바쁘게 나무장사와 운수업을 하시며 집 지을 터와 재목을 다 준비하셨는데 엄마가 많이 편찮으셨다.

학교에 다녀와 엄마 얼굴만 쳐다봤다. 눈알까지 노랗게 변해 가는데 특별한 약이 없다고들 했다. 여러 가지 약을 물색하던 중에 읍내에서 멀리 떨어진 '곰실'이란 동네에 황달에 좋은 약을 제조하는 의원이 있다고 해서 찌는 듯한 더위에 학교 수업을 마치고 자갈길을 걸어서 약을 지어 왔다. 그 약을 드시면서 차도가 있기 시작했다. 세 번을 더 가서 지어온 약으로 어머니는 완쾌하셨다.

*

달리는 차에 불이 나다

아버지는 매일매일 사업에 바쁘셨다. 새벽같이 짐을 싣고 대구로 김천으로 운행하셨다. 어느 날은 새벽녘에 집으로 돌아오셔서 주무시다가 헛소리를 하며 손을 허우적거렸다. 어머니는 초저녁에 도착할 차가 새벽에 도착한 것도 의심스럽고 아버지는 혼수상태라 온 식구가 밤새 노심초사했다. 날이 밝아 차를 세워둔 곳에 가보니 트럭 짐칸이 반이나 불에 타 버리고 비료를 실은 차는 전소된 채 물이 줄줄 흘러내리고 있었다. 마을 사람들은 비료 물을 받으려고 그릇을 줄지어 놓고 있었다.

이튿날 아버지의 이야기를 들어 보니 김천에서 비료를 차에 가득 싣고 우두령 고개를 넘어오다가 갑자기 비료에 불이 붙었는데 높은 산 중턱 고갯길이라 차를 세울 수가 없었다고 한다. 동네가 있는 곳까지 내려와 사랑방에 놀다가 가는 사람들의 도움으로 겨우 불을 끄고 새벽에 돌아온 것이라고 하셨다. 비료가 엄청 귀할 때라 비료 값을 물고 손실된 차를 고쳤다. 그 와중에 이미 시작해 놓은 새집을 지으면서 아버지는 무척 힘들어하셨다.

새집으로 이사

새집은 너무 아담하고 참한 집이었다. 남쪽 방향이라 따스하고 도로변이라 위치도 좋았다. 우리 세 자매는 같은 방을 쓰면서 무척 재미있게 지냈다. 일가친척이 오고 가는 길이면 늘 들러 유숙하고 갔다. 인정이 많은 어머니와 작은언니는 손님 오는 것을 반겨 좋아했지만, 나는 끼니때마다 무엇을 어떻게 장만해서 손님 대접을 할까 걱정이었다. 친가 외가 먼 친척까지 학교만 갔다 오면 한 명의 손님은 늘 와 계셨다.

얼마 후 아버지는 사업하던 차가 낡아 새 차로 바꾼다고 빚을 얻어 차를 소개하는 사람을 따라갔다가 이틀 만에 빈손으로 돌아오셨다. 차를 소개한다는 사람이 여관에서 함께 자다가 돈 보따리를 가지고 도망쳐 버렸다는 것이다. 그때부터 신경을 너무 많이 쓴 탓인지 아버지는 몸도 약해지고 의욕도 잃었다. 아무것도 할 수가 없는 상태가 되셨다.

우리 세 자매는 부엌방으로 옮기고 거처하던 방을 고등학생들의 하숙방으로 내어 주었다. 어머니도 무엇을 해보려고 애를 썼지만 힘들 뿐이었다. 난 학교에 다니면서 뭐 하나 갖춘 적이 없었다. 두뇌도 명석하지 못했지만 공부할 여건도 전혀 되지 못했다. 단체 영화 관람도 가지 않았고 등록금 독촉도 많이 받았다. 중퇴하려고 장기 결석도 했지만, 담임선생님의 배려로 졸업을 할 수 있었다.

아버지가 일손을 놓으니 빚쟁이들이 독촉하기 시작했다. 매일매일

시달림에 지친 어머니는 견딜 수가 없어 행상하는 친척 아주머니를 따라나섰다. 큰언니와 작은언니가 직장을 다니고 작은 방에 하숙을 놓으니 먹고 사는 데는 지장이 없지만 빚을 갚기는 어려웠다.

결국 아담한 새집을 몇 해 살지도 못하고 팔아서 빚을 갚았다. 코스모스 목줄기가 울타리를 넘어 가을을 부르고 노랑 자줏빛 국화가 가을 이슬에 함초롬히 젖어 있던 새집은 아버지가 손수 재목을 내어 지은 집이기에 잊을 수가 없다. 그러나 그 잊을 수 없는 우리 집을 팔지 않으면 안 되는 형편이었다.

*

고등학교 선생님

새집을 팔아야 할 정도로 어려운 환경이었지만 고등학교 3년은 보람 있고 벅찬 학창 시절이었다. 남녀 공학 우리 반 육십 명 중 여학생 다섯 명이 졸업했다. 여자의 고등교육에 대한 인식이 낮았던 시대였기에 입학한 여학생 스무 명 중에서 다섯 명만 졸업한 것이다. 다섯 명의 친구들은 하나같이 다정스러웠고 선생님들도 무척 좋으신 분들이었다.

1학년 때 담임선생님은 나에게 칭찬을 많이 해주셨고 인품이 좋으신 분이셨다. 울산여고로 전근을 가셔서 너무 섭섭했다. 가신 후 편지도 많이 하고 그 학교 선생님 반 아이들과 십여 통씩 편지가 오가면서 나는 우푯값을 줄이려고 미농지에 편지를 써서 한 봉투에 넣어 보내기도 했다.

세월이 흘러 선생님은 대학교수로 은퇴하시고 아직도 나를 기억하신다는 말을 듣고 서울에 사는 아들 집에 간 걸음에 찾아뵈었다. 그 후 선생님이 아드님 차를 타고 사모님과 여동생과 고향 오신 길에 우리 집에 다녀가시는 기쁨도 있었다.

국어 선생님은 동국대 국어국문학과를 졸업 후 처음 부임해 오신 분이었다. 국어 시간에는 어렴풋이나마 문학에 대한 관심과 정서를 가꾸며 시를 써 보기도 하고, 학교 문예지에 시를 써서 올리기도 했다. 졸업할 때까지 국어 시간을 좋아했고 단편집도 많이 읽었다. 나는 그저 문학이 좋았다.

살림살이가 팍팍한데 우리 집에 찾아오는 사람은 너무 많았다. 어머니를 찾아오는 교인들, 언니 친구들, 내 친구들까지 매일매일 사람들로 북적거렸다. 식사 때가 되면 난 얼마나 고민이 되던지 끼니를 장만하기가 여간 어려운 게 아니었다. 그래도 우리 가족은 원망이나 다툼이 없었다.

큰언니는 양재학원 선생을 하면서 야간 중학교 가사 재봉 선생으로 가정 형편이 어려운 학생에게 교복도 만들어 입혔다. 언니는 바빠서 집안일 할 시간도 없고 직장 때문에 화장도 하고 코트도 입고 다니지만, 나는 내의에 목만 가리는 가짜 목 티에 교복을 입었다. 바람이 사정없이 몰아치는 들판 길을 걸어 먼 학교에 다녔지만 씩씩하게 잘 다녔다. 상급생, 동급생, 다른 학교 남학생들이 연애편지를 주었지만 나는 한 번도 답을 하지 않았다. 아주 품행이 안 좋은 학생만 연애하는 줄로 착각하고 있었다.

*

친구의 죽음

고등학교 3학년 때, 나에게 너무 충격적인 일이 일어났다. 나와 무척 친한 1학년 때 전학 온 친구가 있었다. 그 친구는 우리 집에 놀러 오면 내가 밥하고 빨래하고 하숙까지 친다고 놀랐다.

"어쩌면 그렇게 착해? 일을 왜 그렇게 잘해?"

그 친구는 홀어머니와 어린 동생하고 사는데 아버지는 일본에 간 후 소식이 없다고 했다. 야간 중학교를 졸업하고 서울 이모 댁에서 학교를 다니다가 어머니하고 떨어져 살 수가 없어 전학을 왔다는 것이다. 나는 친구와 친해지면서 그 집에 자주 놀러 갔고, 친구 어머니는 딸의 친구가 왔다고 반가워하셨다. 우리가 방안에 놀고 있으면 따끈따끈한 밥과 여러 가지 반찬에 김치를 찢어 숟가락에 놔 주기도 하고 다정하게 대해 주셨다.

"많이 먹어라. 편히 놀다 가거라. 자주 놀러 오너라."

나는 지금까지 어머니에게 이러한 다정스러움을 받아보지 못했다. 셋째 딸이란 이유로 어머니에게 한 번도 따뜻한 사랑을 받아 본 적이 없어서 친구의 어머니가 너무 좋았다. 그런데 그 친구가 학교를 중퇴했다. 친척에게 빌려준 돈을 받지 못해 형편이 어려워져서 학교에 다닐 수 없다고 했다.

하지만 친구가 학교에 다니지 않아도 시간이 나면 친구가 오기도 하고 내가 그 집에 가기도 했다. 다니던 학교를 그만둔 친구를 만날 때마다 위로하곤 했다. 친구는 늘 수심에 찬 얼굴이었고 몸은 야위어 갔다. 어느 날 친구가 죽고 싶다고 해서 나는 너무 어이가 없었다. 친구가 소견이 없다고 생각하면서도 죽기는 왜 죽냐며 친구를 위로했다.

다음날 오후, 먼 냇가에서 빨래하는데 친구가 그곳까지 찾아왔다.

"너한테 할 말이 있어서 왔어."

밤사이 무척 얼굴이 상해 있었다. 무슨 걱정인지 물어도 말없이 우두커니 앉아서

"나는 죽어야 한다. 나는 죽어야 한다. 네가 부럽다. 넌 아버지가 계셔서 좋겠다."

횡설수설 핵심도 없는 말을 되풀이했다.

"네가 그러면 어머니가 너무 불쌍하지 않겠니..."

나는 친구를 타이르며 집으로 돌려보냈다. 다음날 어쩐지 궁금해서 일찍이 친구 집에 갔는데 골목 밖에서 사람들이 모여 웅성거렸다. 그 집에 자주 드나드니 친척과 이웃 사람들이 나를 알고 있었다.

"벌써 친구 소식 듣고 오네."

"네? 무슨 소식인데요?"

"영자가 죽었다."

듣고도 무슨 소리인지 분간이 되지 않아 골목길을 뛰어 집에 들어서니 마당에는 사람들이 웅성거리고 친구 어머니는 얼굴이 새파랗게 곧 숨을 거두는 듯하고, 친구는 아랫목에 하얀 이불로 덮혀 있었다. 이불을 걷어 젖히니 친구는 싸늘한 시체로 잠이 든 듯 누워 있었다. 친구는 끝내 자살했던 것이다.

"영자야! 일어나 이게 웬일이냐?"

울면서 흔들었지만 나무둥치같이 흔들면 흔들리고 불러도 대답은 없었다. 친구 외숙모가 다시 이불로 시체를 덮고 나를 마루로 데리고

나왔다. 정말 기가 막히는 현실이다. 조금 있으니 리어카에 관이 실려 들어오고 시체를 담은 관은 리어카에 실려 대문을 나갔다. 앞산 공동 묘지로 이제 다시 돌아올 수 없는 곳으로 가버렸다.

죽은 친구 대신 딸이 되다

친구 어머니는 데굴데굴 구르면서 섬뜰에서 마당으로, 돌이든 나무든 부딪히는 대로 몸을 찧어 차마 눈 뜨고는 볼 수 없는 슬픔 그 자체였다.

"내가 너를 딸 겸 아들 겸 재산 겸 남편 겸 믿고 살았는데 이제 나는 어찌 살고."

미친 사람이 널뛰듯 하는 친구 어머니를 모른 체하고 돌아올 수가 없어서 여름밤이 캄캄해질 때까지 붙잡고 실랑이를 벌이다가 집에 돌아왔다. 아버지와 언니들은 소식 없이 온종일 돌아오지 않는 나를 걱정하고 있다가 친구의 죽음을 말하니 모두 안타까워했다.

며칠 뒤 출타한 어머니가 돌아오셔서 친구 죽은 이야기를 전해 듣고 마음 아파하며 인사차 친구 집을 찾았다. 친구 어머니는 무척 야위어 기진맥진하였다. 우리 어머니는 무슨 말을 해야 위로가 될까 싶었는지

"나는 딸이 넷이나 되니 우리 딸 금자를 딸 하이소."

그 후부터 나는 그 집 딸이 되었다. 토요일 오후 그 집에 가서 밥도 해드리고 빨래도 하고 초등학교 다니는 동생과 놀아주었다. 그 어머니는 맛있는 음식을 해놓고 딸을 시켜 나를 부르기도 하고 어디 다녀오는 길이라며 우리 집에 곧잘 들르기도 했다. 그리하여 나는 죽은 친구 어머니의 딸이 되었다.

*

아림예술제 백일장 입선

나는 틈틈이 글을 쓰면서 문학 서적을 읽었다. 아림예술제 한글 시 백일장에 참여하여 입상했고 남동생은 서예부에 입상하여 온 가족이 기뻐했다. 거창고등학교에서 시상식이 있었는데 〈가고파〉 이은상 시인이 강평하시면서 장래가 촉망되는 시인의 자질이 있다고 칭찬해 주셨다.

아버지는 사업 실패 후 집을 팔아 빚을 갚고 병이 나셨다. 40대 후반 젊은 나이에 신장염으로 앓아눕게 된 것이다. 전셋집을 얻어 작은방에 하숙을 치고 언니들은 직장에 나갔다. 나는 초등학교 선생님 세 분 하숙에, 식사만 하러 오시는 친척 아저씨 밥도 해 드리고, 밤에는 야학 선생을 했다. 너무 바쁜 일과에도 죽은 친구의 어머니를 틈틈이 찾아뵈었다.

나는 아버지의 병색이 짙어지는 것을 보며 여러 가지 약을 썼지만 어려운 형편에 무슨 좋은 약을 쓸 수도 없어 효험이 없었다. 얼굴은 붓고 팔다리도 붓고 너무 병이 짙어지는데 늙은 호박에 미꾸라지를 넣어 중탕해서 먹는 게 특효약이라고 한다.

늦은 봄이라 늙은 호박 구하기도 어렵고 미꾸라지는 더욱 구하기 어려웠다. 미꾸라지는 초가을부터 나오는 것이고 한두 번 잡아 추어탕으로 먹는 것 외에 달리 구하지 못하기 때문에 여간 걱정이 아니었다. 지금처럼 양식하는 미꾸라지는 생각지도 못할 때라 시골 친척을 통해 호박은 구해 놓고 미꾸라지를 잡으러 나섰다.

야학에 다니는 우리 반 아이들이 사는 동네를 찾아가 아이들과 함께 미꾸라지를 잡았다. 시골 아이들이라 참 잘 잡았다. 아이들은 선생님과 함께하는 시간을 무척 즐거워했다. 정성을 다해 잡은 것이 반 되나 되었다. 호박과 미꾸라지로 만든 약을 드시고 아버지는 회복하셨다.

조그만 마당에 채송화도 심고 예쁜 꽃들을 가꾸고 감나무도 세 아이 몫으로 세 그루를 심고 옥수수도 심었다. 대문을 활짝 열어놓고 청소를 했다. 길 가는 사람들은 그냥 지나가는데 내 속으로는 모두가 나를 부러워하는 것만 같았다.

PART 2

결혼 그리고 출산

큰언니 결혼 • 중매 • 결혼 • 시집살이 • 제사상에 절하다 • 가을걷이 • 시집살이 두 해째 • 함양 • 새살림 • 첫아이를 가짐 • 첫 아들 • 둘째는 딸 • 남동생 대학 졸업식 • 또 이사 • 내 집 마련 • 큰 딸아이 화상 • 셋째를 낳다

*

큰언니 결혼

1961년 가을, 교회 다니는 집사님의 중매로 큰언니 결혼이 결정되었다. 어머니는 장성한 딸 셋 때문에 걱정이 많으셨다. 살림도 넉넉지 못한 데다 남의 집에 세 들어 사는 형편이라 우리가 원하는 신랑감을 물색하기가 힘든 처지라는 걸 아셨기에 어머니는 승낙하셨다.

예수 믿지 않는 신랑감이라 교회에서 결혼식을 할 수 없어서 고향인 김천 큰집에 가서 구식 결혼식을 했다. 나는 결혼식에도 참석하지 못하고 집을 지키는 것도 문제지만, 집으로 오시는 손님 접대할 음식을 만들어야 했다. 유과, 식혜, 부침 등 음식을 혼자 장만하는 것이 안쓰럽다고 친구 어머니는 연신 들락거리며 도와주셨다.

언니의 결혼 전날 밤에 혼자 집에 있는데 친구 어머니는 자기와 잘 아는 동생과 함께 영화를 보러 가자고 하셨다. 그 사람은 언니가 야간 중학교 가사 재봉 교사로 있을 때 수학 교사로 있다가 세무서로 이직한 사람이라고 했다. 머리도 무지하게 좋고 착한 사람이라는 말을 언니를 통해 자주 들어 어색하지 않게 함께 영화를 봤다.

언니는 결혼한 지 삼 일 만에 신혼여행도 없이 구차스러운 집을 떠나갔다. 어머니는 천정을 바라보고 소리 없이 눈물을 흘리셨다. 아버지의 군 복무 기간에도, 아버지가 편찮을 때도 큰언니가 식구들의 생계를 감당할 때가 많았기에 어머니는 몹시도 가슴 아파하셨다. 나도 형제자매와 헤어짐의 아픔이 적지 않음을 알게 되었다.

아버지는 사업을 시작할 엄두도 못 내고 월급쟁이로 취직했지만 오래 가지 못했다. 어렵게 살면서도 우리는 그늘진 데가 없었다. 우리 집에는 친구들의 발길이 끊이질 않았고 많은 성도들이 들락거리며 어머니는 항상 교회 일로 바쁘셨다. 매일 심방을 다니며 심방 대원을 대접할 점심을 해 놓으라 하셨고, 반찬 걱정을 하면 옥수수빵이라도 쪄 놓으라고 명령하셨다. 가난한 산모를 돌보고, 임종을 앞둔 성도의 슬픔을 함께하는 어머니를 우리는 늘 보고 자라왔다.

나도 한글을 모르는 성도가 군대 간 아들에게 편지를 써 달라고 하면 대신 써 주었다. 친구들의 연애편지 기초도 잡아 주고 결혼식에 읽을 축사도 많이 써서 친구 결혼식장에 불려 다녔다. 우리가 결혼할 시기에는 우인을 대표하여 축사 읽는 것이 유행이었다. 글쓰기를 좋아하여 일기도 쓰고 펜팔도 하고 문맹 퇴치 야학 선생도 하며 보람 있는 나날을 보냈다.

8살 어린아이부터 18살 처녀까지 가난해서 초등학교를 입학하지 못한 이들을 교회에 모아 가르쳤다. 초급반은 내가, 상급반은 언니가 맡았다. 지금 생각해보면 교회가 교육에 대한 열정이 앞서 있었음을 알 수 있다.

나는 살림도 열심히 하여 이웃, 일가친척, 교우들에게 칭찬을 많이 들었다. 어머니가 심한 몸살이 날 때 찹쌀을 절구통에 찧어 산떡국을 해드리면 곧잘 낫기 때문에 어머니는 나를 멀리 시집보내지 않겠다고 하셨다. 명절이 되면 떡이며 전이며 모든 음식 장만은 내 차지가 되었다. 작은언니 친구뿐만 아니라 내 친구가 와도 작은언니는 친구들과 같이 놀고 부엌일은 내 몫이었다. 그러기에 내 친구들은 언니를 무척 좋아했다.

저녁이면 언니와 나는 무척 장난이 심했다. 호주 선교부를 통해 교회에서 받은 구호품 옷은 길이는 길고 허리는 잘록하다. 우리 몸에 맞지 않아 싸놓은 옷 보따리를 풀어 그 옷들을 걸치고 누워 있는 작은 언니를 일어나라고 해서 "초면에 인사합시다."하고 장난을 거니 언니도 벌떡 일어나 서로 맞절한다.

웃음을 참지 못해 킥킥거리는 소리에 어머니가 밤중에 잠도 자지 않고 왜 이렇게 시끄러우냐고 문을 열어 보시고는 어머니도 웃음을 참지 못하셨다.

우리 식구들이 구김 없이 살아가는 모습을 보고 학교 선배인 친척 아저씨가 자기의 좋은 친구를 소개해 주겠다고 했다. 경북대학교 국문과 2학년인데 군대 갔다 와서 학교 마치고 취직할 때까지 펜팔로 교제하다가 좋으면 결혼하면 될 것 같다고 했다.

어느 날 편지가 왔다. 그저 알고 지내자는 내용이었는데 국문과 학생답게 문학적으로 쓰여 있었다. 나는 답장을 보내고 이어서 편지가 오고 가면서 정감이 넘치는 사이로 발전해 가고 있었다.

중매

어느 날 갑자기 죽은 친구의 어머니는 나에게 중매를 하신다고 했다. 친구 어머니는 이전에 영화를 같이 봤던 세무서 다니는 그 사람이라고 했다. 그는 다른 사람과 맞선을 보라고 하면 보지 않고 몇 차례나 거듭하더니 결국 나에게 마음이 있다고 했다는 것이다.

난 내 위에 결혼 안 한 언니가 있어서 결혼을 생각할 여지가 없었다. 큰언니 결혼한 지 얼마 되지 않아 경제적 형편이 어렵고, 또 그 사람은 나보다 일곱 살이나 더 많았다. 게다가 어머니는 그 사람이 예수 믿지 않아서 안 된다고 딱 잘라 버렸다.

나는 경북대학교 국문과 다니는 학생과 펜팔을 한다고 자랑하면서 그 학생이 군대를 마치고, 작은언니도 결혼을 하고 나면 시기적으로도 적당하다면서 중매를 거절했다.

우린 아버지 병중 약값과 큰언니 결혼 비용으로 또 빚이 생겼다. 전세를 빼서 사글세 집으로 이사했다. 그런데 몇 달 후 친구 어머니가 또다시 나에게 만남을 권했다. 세무서 토목과가 군청으로 소속되면서 사천 군청으로 전근 가서 같은 집에 하숙하는 사람에게 전도를 받아 교회를 잘 다니고 있다며 재차 중매했다. 어찌나 적극적으로 서두는지 차남에다 직장 단단하고 건강한 체격에 모자람이 없다고 했다. 그리고 성품도 누구에 비교할 수 없을 만큼 좋다는 것이다.

어머니는 교회 전도사님이 노회에 가신다고 하니 그 총각이 교회에 잘 다니는지 그 교회 목사님께 알아봐 달라고 부탁하셨다. 전도사님이 알아보신 결과, 주일 성수는 물론이고 수요예배도 출석을 잘한다고 하셨다. 또 그 교회 목사님이 "우리 교회 여자 청년도 많은데 무슨 말씀이냐"라는 얘기도 하셨다고 한다.

우리 집 형편으로는 내가 결혼할 상황이 아니었다. 언니도 있고 경제적으로도 결혼이 성사될 수가 없다고 말했다. 친구 어머니는 자기에게 딸로 주었으니 죽은 딸에게 해주지 못한 것을 나에게 해주고 싶다며 모든 결혼 비용을 부담한다고 하니 어머니는 승낙하셨다. 대신 작은언니 결혼이 이루어질 때까지 일 년 후로 미루었다.

결혼이 약속되니 거의 2주마다 한 번씩 친구 어머니 집으로 가서 결혼할 사람을 만났다. 나는 처음으로 느끼는 사랑의 감정에 빨리 결혼하고 싶은 충동이 들었다. 주일예배를 마치고 만나서 헤어지기가 섭섭하여 2~3km 걷다가 막차 버스를 타고 가는 모습을 뒤로하고 혼자 걸어서 돌아오곤 했다. 여름 가을이 잠깐 사이 지나가고 작은언니의 혼인은 이루어지지 않은 채 겨울을 넘기고 봄이 다가왔다.

친구 어머니를 통해 결혼 재촉이 여간 아니었다. 아들 나이가 30인데 봄을 넘기면 안 된다고 야단이었다. 아버지는 그 혼인을 깨는 한이 있어도 순서를 바꾸면 안 된다고 하셨지만 어머니는 이미 금자는 친구 어머니에게 맡긴 딸이니 허락하자고 했다. 나는 결혼을 서두는 상대방에게 미안해서 견딜 수가 없었다.

이렇게 어려움 속에서 나의 결혼은 이루어졌다. 나를 딸이라고 결혼 비용을 책임진다던 친구 어머니의 말은 다 말뿐이었다. 큰언니 결혼 1년 만에 구차한 형편에 나의 결혼이 이루어졌다.

*

결혼

일가친척과 성도들, 친구들의 축복 속에 교회에서 목사님의 주례로 결혼식을 했다. 신혼여행도 없이 남의 집 작은방에서 신혼 이틀째 밤을 지내고 사흘 만에 신행을 갔다. 이것저것 내 소지품을 챙기는데 어머니, 언니, 동생, 모두가 아쉬워했다. 철부지 나는 장미꽃 향기에 취한 듯 소원과 꿈이 다 이루어지기라도 한 듯 부푼 가슴으로 시댁에 갔다.

중매한 친구 어머니가 신작로에 마중 나와 있었다. 300m 정도의 논길을 걸어 시댁 문에 들어섰다. 시부모님께 인사를 드리고 잘 차린 상을 받고 나를 데리고 오신 아버지는 이제 잘 살아야 한다는 말씀을 남기시고 떠나셨다. 나는 섭섭함도 모르고 그저 가난한 친정집을 면하고 좋은 남편 만난 것으로 만족했다. 23년을 자라면서 내 마음을 바쳐 처음으로 사랑이라는 것을 알게 되어서인지 소견이 없어서인지 내 소원을 다 이룬 듯했다.

조그마한 아랫방을 내 방이라 정해놓고 그날 밤 형제들이 한자리에서 노래도 하고 음식도 나누고 하는데 친구 어머니는 나를 대문 밖 논가로 불러냈다. 이미 신랑은 불려 나와 있었다. 그 어머니는 우리 두 사람을 세워 놓고 "너희들이 나에게 그렇게 할 수 있느냐?"고 울음 섞인 목소리로 난리를 치는데 나는 영문을 몰라 무엇을 잘못했는지를 물었다.

어제저녁 어두운데 심부름 갔던 자기 딸을 데려다주지 않았다고 벌써 마음이 변했다고 호통이셨다. 나는 미안하다고 잘못했다고 얼마나 싹싹 빌었는지 모른다. 뭔가 좀 이상하다는 느낌이 들었지만, 죽은 딸 생각이 나서 허전한 마음을 위로받을 수 없어서라고 생각했다.

시댁 여러 사람과 첫 신행 온 날 밤을 자고 새벽에 일어나 돗자리를 펴고 시아버지 거처하시는 작은방 문 밖에서 절을 하고 큰방 문 밖 마루에서 시어머니께 절을 했다. 그다음 날 새벽에도 절을 하고 부엌에서 맏동서와 아침밥을 같이 했다. 그다음 날 남편은 직장이 있는 곳으로 떠났다.

*

시집살이

다음 날, 결혼 잔치 때문에 밀린 빨래가 가마니로 한 가마니가 넘었다. 윗동서는 빨래를 산더미처럼 내놓으며 묻는다.

"동서, 빨랫비누 있나?"

"예"

이웃에 사는 친구 어머니가 세숫비누 2장, 빨랫비누 5장을 시집갈 때 가지고 가라며 사 주셨는데 만약 그것이 없었으면 어찌할 번했을까. 난 너무 긴장되었다. 시집올 때 빨랫비누를 꼭 가져와야 한다는 것을 그제서야 알았다.

얼마 지나지 않아 빨랫비누가 바닥이 났다. 동서가 시어머니에게 빨랫비누를 사달라고 하니 시집온 지 몇 달이 지났다고 빨랫비누가 없냐고 물으시는데, 나는 얼마나 무안한지 얼굴이 불을 뿜는 듯 달아올랐다.

시어머니는 수시로 재봉틀에 해진 옷을 깁는 일과 손바느질거리를 맡기셨다. 조금 사 온 실을 다 쓰고 없다고 하니 시집온 사람은 있는데 왜 실이 없느냐는 말씀에 나는 멍할 뿐이었다. 왜 나의 어머니는 이런 것을 준비해 주지 않았을까. 시집살이가 너무 힘들었다. 안절부절 어찌할 바를 몰랐다.

동서는 곧장 시숙 직장을 따라 이사한다더니 시숙이 보름 동안 예비군 훈련을 받게 되어 이사가 늦어진다고 하였다. 남편은 그 소식을 알고는 형수에게 나를 일주일만 보내 달라고 부탁을 했다. 시어머니는 무척 싫어하시는 표정으로 사흘 후에 제사가 있다며 사흘만 있다가 오라고 하셨다.

다음 날 아침 일찍 버스를 타고 부푼 가슴으로 출발했다. 사흘이어도 신혼이었기에 마냥 좋기만 했다. 도착하니 둘째 시동생이 공부한다고 남편과 함께 자취를 하고 있었는데 주인집 아주머니는 친절하게 빈 방을 하나 내어주셨다. 너무 고마운 분이라 생각했다.

눈 깜짝할 사이에 이틀이 지나 다음 날이면 집으로 돌아가야만 한다. 제사 때문에 앞당겨 가야 했다. 남편은 사흘 만에 갈 것을 왜 왔느냐고 먼 길 차비도 많이 든다며 불평이 대단했다. 남편이 출근한 뒤 나는 조기와 조개를 사고 돌아갈 준비를 했다.

밤늦게야 남편은 술에 취해서 돌아왔다. 멀리 출장을 갔다 온 모양이다. 밤이 새도록 토하고 화장실에 들락거리더니 아침에 일어나지 못하고 복통, 감기, 몸살로 앓아누워 출근도 못했다. 그래도 나는 돌아가야 한다고 하니 아픈 사람을 두고 가려는 아내가 어디 있느냐고 참 소견이 없다고 했다. 멀리 있다가도 남편이 아프면 와야하는 것이 도리인데 하면서 시동생을 나 대신 보냈다.

짧은 시집살이지만 내가 겪은 시어머니는 이해해 주지 못할 것 같아 불안하기 짝이 없었다. 가까운 곳이 아니라 달려갈 수도 없고 아픈 남편을 두고 돌아갈 수도 없어 불안하게 지내는데 동서한테 편지가 왔다. 어떻게 어른 말씀을 거역하느냐 그렇게 따로 나가 살기를 원하면 아랫방에 있는 짐을 치워 주면 계속 동서가 부모님을 모신다는 내용이었다. 정말 나는 걷잡을 수 없는 심정인데 남편은 형수가 이해성이 없다고 하며 더 못 가게 했다. 차비만 있으면 남편 몰래 나서고 싶었다.

이틀이 지나고, 이번에는 전보가 왔다.

'부친 위독 급 속내'

소식을 접하고 그날 급하게 돌아오니 온 식구가 본 체도 하지 않고 시어머니는 절도 받으려 하지 않으셨다.

"간이 커서 제 마음대로 하는 인간이 무엇 하러 왔니?"

전보 받고 왔다고 하니 전보 친 사람도 없고, 시아버지는 편찮으시지도 않으셨다. 분위기는 살벌하고 모두 나를 투명인간 취급했다. 나중에 알고 보니 중매한 친구 어머니가 우리 친정집에 찾아가 나를 나쁜 사람으로 취급해서 언니가 급전을 쳤다는 것이다.

며칠 후 시숙이 훈련을 마치고 동서는 세 살 된 딸과 함께 새살림을 차리러 떠나갔다. 나는 결혼한 지 두 달도 안 되었는데 수년이 지난 듯 몸과 마음이 지쳤고, 교회 가는 것은 통제당했다. 시집왔으니 시집 풍속에 따르라는 것이다.

감자를 심으러 가자는 시어머니를 따라 밭고랑에 갔다. 감자를 심고 그 위에 돼지 똥거름을 덮으라 하는데 나는 질겁할 지경이다. 한 번도 해보지 않은 일이었다. 게다가 장갑이 있는 것도 아니고 손으로 똥을 주물러야 했다. 정말 할 수 없을 것 같았지만 말 한마디 못하고 그냥 시키는 대로 했다.

봄부터 여름까지 제사가 잦았다. 음력 6월 시조부 제사는 큰 제사라 이웃과 음식을 나누기 때문에 많은 양의 음식을 장만해야 했다. 부침에 송편까지 나는 비지땀을 흘리며 혼자 만들었다. 시아버지가 몇 년 전 중풍으로 쓰러진 후 완전히 회복되지 않아 세심하게 살피고 섬겨야 했다. 한 달 아니면 두 달 걸러 남편이 다녀갔지만 이제 그리움도 없고 보고 싶음도 없었다. 차가운 집안 분위기와 시집살이에 긴장이 되어 하루하루 지내는 데 지쳐갈 뿐이었다.

시어머니는 시아버지 바지저고리를 꾸미라고 하셨다. 배우지 않았으니 할 수가 없어서 친정어머니에게 보냈는데, 언제까지 시아버지 바지저고리를 친정어머니에게 맡길 수가 없어서 단단히 각오를 하고 비가 추적추적 내리는 날 화로에 불을 담아 인두를 꽂고 바느질을 시작했다. 저고리 이음새마다 뒤적이며 천천히 했더니 바지도 저고리도 꾸밀 수가 있었다. 외가에 와 있던 중학교 1학년 생질과 중학교 2학년 막내 시동생의 체육복도 만들어 입혔다.

매번 거역하지 않고 만들어 입히니 시어머니는 블라우스 삯바느질까지 맡아 오셨다. 난 거절하지 못해 어떻게든 만들어냈다. 그러니 이번에는 두루마기를 뜯어 시아버지 조끼를 만들라고 하신다. 나는 남편 조끼를 내놓고 살피면서 만들었다. 잘난 고등학교 다니지 말고 바느질이나 했으면 훨씬 좋았겠다는 생각도 들었다.

농사일에, 시어른 시중, 집안 살림, 바느질까지 눈코 뜰 새 없는데

"뭐 할 것이 있어 그렇게 느리냐? 아침밥이 왜 이리 늦느냐?"

시어머니 말씀에 막내 시동생은 장단을 맞추며 말했다.

"형수. 저 오늘 아침밥이 늦어 지각했어요. 그래서 벌로 청소했어요."

시어머니는 우리 집처럼 아침밥이 늦는 집은 없을 거라며 군에 간 시동생이 있었으면 벼락이 떨어졌을 것이라고 숨도 크게 못 쉴 정도로 야단을 쳤다. 시동생과 같은 학교 다니는 1학년 생질에게 너도 지각했냐고 물으니

"학교 가서 한참 있으니까 종 치던데요. 늦지 않았어요."

도대체 학교에 늦지도 않았는데 늦었다고 형수 꾸중을 듣게 하는 어

린 시동생의 심사는 무슨 심리일까? 나는 어린 시절부터 어머니가 호되게 일은 시켰지만 언제나 말을 잘 듣는다고 칭찬이 자자했는데 시집오니 아무리 최선을 다해도 칭찬은 없었다.

1963년 여름은 나에겐 너무 지루한 여름이었다. 비가 너무 쏟아져 보리타작할 시기에 다 익은 보리가 논에 선 채로 싹이 났다. 비가 잠시 주춤하는 사이에 간신히 비 사이로 보리를 베긴 했지만, 타작할 수가 없었다. 논에서 보리가 썩어 가는데 물말이 보리타작을 했다. 이것도 군에 간 큰 시동생이 잠시 휴가 나와서 하게 된 것이다.

젖은 보리를 솥에 볶아서 온 집에 널어놓았는데, 비좁은 집에 널어놓아야 그 양이 얼마나 되겠는가? 날씨가 좋아져서 보리를 마저 말려 겨를 날리니 열한 가마니 보리가 세 가마니 남짓했다. 양식이 떨어지면 가을 벼 타작할 때까지 굶어야 한다고 해서 저녁밥은 보리콩죽을 끓여 먹었다. 보리쌀과 콩을 불려 호박돌에 갈아서 끓이기가 여간 힘든 일이 아니었다.

날씨가 무척 더운데 남편이 어린 조카딸을 데리고 왔다. 겨우 대소변 가리는 세 살 아기다. 할아버지, 할머니, 삼촌 모두 귀여워서 어쩔 줄 몰라하며 더 데리고 있고 싶어 해서 그해 여름에 조카딸과 같이 지냈다.

"작은 엄마, 작은 엄마!"

조카는 나를 얼마나 잘 따르는지 세수도 시키고 목욕도 해줬다. 일은 더 늘어나고 밭에 갈 때도 더 힘들기는 했지만, 웃음이 가득한 아이가 있어서 좋았고, 그 아이 때문에 얼마나 위로가 되었는지 모른다. 어린 조카딸에게 동요를 가르치면 잘도 따라 했다.

"나는 나는 갈 테야 연못으로 갈 테야 동그라미 그리러 연못으로 갈 테야."

이렇게 따라 하면서 동그라미를 그리는 모습이 너무 예쁘다. 하루는 아침에 시어머니는 논에 물을 대러 가셨는데 아이 우는 소리에 들어 갔더니 아이가 똥을 쌌다. 모기장에 똥이 잔뜩 묻어 있고 아이 온몸에도 묻어 있었다. 아침밥을 하다가 너무 당황스러웠다. 아이가 아무리 예뻐도 똥은 더러웠다. 아이를 낳아 보지 않아서였다.

제사상에 절하다

그해 추석, 시집와서 첫 명절을 맞이했다. 시어머니는 솎음배추를 팔러 다니기 바쁘셨다. 배추를 솎아 깨끗이 씻고 깻잎을 잘 묶어 큰 그릇에 담아 읍내 장터까지 머리에 이고 가야 했다. 나는 냇물 건너까지 옮겨 드렸다. 채소가 많을 때는 시장까지 갖다 드렸다.

추석 전날에도 시어머니는 배추 팔러 가시고 혼자서 무엇을 먼저 해야 할지 분주했다. 송편을 찌고 갖가지 전을 부치고 나물을 장만하고 있는데, 해 질 무렵 돌아오신 시어머니가 햅쌀로 밥을 해서 제사를 지내야 한다고 하셔서 쪄 놓은 벼를 디딜방아에 찧었다.

추석 제사 준비가 다 될 무렵 식구들이 모여 저녁 식사를 함께하는데, 맏동서는 산월이라 못 온다고 시숙 혼자 오셨다. 추석날 새벽부터 나는 너무 바빴다. 제사를 지낼 때까지 남편은 오지 않았다. 제사를 모두 지내더니 시어머니가 나를 부르셨다.

방으로 들어가니 시숙 시동생 시아버지가 계신 자리에서 조상에게 절을 하라고 했다. 시집오는 첫해는 조상에게 인사하는 것이라고 했다. 나는 온몸에 전율이 오고 숨이 가빠지고 '못 하겠습니다'란 말이 목구멍에 차 있는데도 앞치마를 끌러 놓고 절을 했다.

떨리는 손으로 제사상을 치우고 밥상을 차리면서 나 자신이 뭐 하는 인간인지 분별하지 못하고 행한 것을 알았다. 철저히 하나님을 배반하고 있었다. 식사를 마치고 나니 남편이 왔다. 나는 남편이 오니 너무 반가운데 시어머니는 제사 다 끝난 후에 오느라 욕봤다며 오랜만에 집을 찾아온 아들에게 뒤틀린 말씀을 하셨다.

가을걷이

산들바람이 불고 오곡백과가 영글었다. 들국화가 가을을 수놓으며 맑고 푸른 하늘이 이렇게 아름다운 계절에 내 마음은 먹구름으로 가리어 속으로 흐느끼고 있었다. 논농사가 천 평 정도로 많지는 않지만 일꾼 없이 벼를 다 베기는 벅찬 일이다. 시어머니와 단둘이 벼를 베기 시작했다. 나는 단을 묶지 못해 베기만 하고, 시어머니는 단을 묶었다. 며칠에 걸려서 베는 작업이 끝나니 뒷다리가 아프고 걸음을 제대로 걷기가 힘들었다.

이제 가을일을 마치는가 싶었는데 벼가 건조될 동안 사이사이를 괭이로 파서 보리를 심는 작업을 해야 한다. 참 힘든 나날이었다. 아침 일찍 서둘러 설거지를 마치고 논에서 작업을 하는데 사람 소리가 들려 뒤를 돌아보니 남편이 서 있었다.

"왜 이래? 삯꾼을 사서 하면 되는데!"

나는 할 말이 없어 우두커니 서 있었다. 집에 들어가자는 남편에게

"예."

대답은 했지만 나란히 들어가는 것이 쑥스러워 소쿠리를 들고 밭으로 가서 배추를 두 포기 뽑아 대문을 들어서는데 시어머니의 호통이 들렸다.

"당장에 나가! 다 싸서 가. 그렇게 일하는 게 아까우면 데리고 가서 호강시켜! 당장에 가!"

이럴 때 나는 어떻게 처신을 해야 하는지 정말 난감했다. 남편의 밥

을 차리려고 부엌으로 들어가는데 몇 달 만에 집에 온 남편은 말없이 대문 밖으로 휭 나가 버렸다.

"어서 따라가거라. 무슨 일을 그리 많이 했다고 일러바쳐서 집안을 시끄럽게 해?!"

시어머니는 물에 담가 놓은 빨래를 주르륵 건지며 계속 나가라고 야단치셨다. 나는 무슨 말을 해야 위로가 될지 어찌해야 화가 풀릴지 알 수 없어 우두커니 서 있었다. 남편에게도 누구에게도 힘들다고 말 한마디도 해보지 못했다. 점점 화가 심해지는 시어머니에게 조심스럽게 말씀드렸다.

"어머님. 저 이렇게는 지금 나갈 수 없습니다. 가을걷이 마치고 어머니께서 고리짝이라도 하나 사 주시고 좋은 마음으로 내보내 주시면 나갈게요."

한참 동안 말이 없으시더니 옷을 갈아입고 어디론가 나가셨다. 두근거리는 가슴 어디 가눌 길이 없었지만 서둘러 빨래를 하고 저녁 식사 준비를 했다. 시아버지 식사가 끝나고 설거지를 마치도록 시어머니와 남편은 오지 않았다. 답답한 마음에 오늘 있었던 일을 이야기라도 해야 할 것 같아서 나를 중매한 친구 어머니 집에 찾아갔다. 그런데 시어머니와 남편 모두 그 집에 있는 것이 아닌가.

내가 들어서니 시어머니가 일어나시며 말씀하셨다.

"집으로 가자. 남의 집에서 이게 무슨 꼴이고."

다 같이 집으로 오는데 말이 없다. 나를 중매한 친구 어머니는 왜 따라오는지 모르겠다. 세 사람은 나를 아주 무섭고 우스운 눈짓으로 대했다. 도대체 내가 무엇을 잘못했단 말인가? 친구 어머니는 방안에 들어와 앉으며 나에게 호통치셨다.

"내가 여기까지 따라온 이유는 금자 너한테 할 말이 있어서다. 나는 네가 그렇게 나쁜 아이인 줄 몰랐다. 어디 당돌하게 '고리짝 사주이소 제금 나가게요'라고 말하나. 시어머니가 화가 나서 나가라 했다고 하더라도 그게 할 소리냐?!"

"그게 아니라…."

나는 잘못 전달된 말을 변명하려고 딱 한 마디 했는데 어른 말씀에 어디 대꾸하냐며 성냥갑을 내 얼굴에 획 집어던졌다. 옛날의 친구 어머니가 아니다. 자기 친딸이면 이렇게 대할까? 나의 괴로움과 답답함을 하소연하고 싶었는데 어안이 벙벙했다.

세 사람이 아주 나쁜 년 취급을 하며 공격하는데 할 말을 잃은 채 가만히 있을 수밖에 없었다. 시키는 일마다 다 하고 말씀에는 대꾸 한 마디 하지 않고 최선을 다해 순종했는데 정말 억울했다.

몇 달 만에 왔던 남편은 이튿날 일찍이 직장이 있는 부산으로 떠났다. 여전히 보리논을 쫓아 보리갈이를 끝내고 고구마도 캤다. 가을일이 끝나고 김장도 했다.

1963년, 결혼하여 1년의 세월은 나에게 악몽의 날들이요 잊어버리고 싶은 시간들이다. 그 해, 봄 여름 가을 겨울은 정말 지루하고 힘든 한 해였다.

시집살이 두 해째

설날 아침 새벽 4시에 일어나 떡국을 끓여 상을 차려 윗목에 두라는 시어머니 말씀에 시키는 대로 한 후, 한복 차림으로 세배하고 제사상을 차렸다. 나는 이제 아무런 감각도 느낌도 없이 시댁 풍속에 적응했다.

새해를 맞이했지만 별로 달라진 것은 없었다. 하루 밥 세 끼 차리기, 재료 없이 반찬 장만하기, 빨래하기는 매일 반복해도 왜 이렇게 힘이 드는지. 새봄이 왔지만 집안 분위기는 혹한이 몰아치는 겨울 그대로였다. 웃음도 없고 너그러움도 없고 사랑은 더더욱 없었다. 이렇게 나날을 보내는데 시어머니는

"아이가 왜 없느냐? 아이도 못 낳는 병신이 아니가?"

나는 아무 말도 하지 못했다.

어느 날 큰 시동생이 휴가를 와서 형이 있는 부산을 다녀오더니 형님이 빚이 있어서 두 돈짜리 금반지를 빼 주고 왔다고 했다. 형이 거처하는 방도 그렇고 빚을 지면 헤어날 수가 없다면서 형을 많이 걱정했다. 형제간의 우애도 두텁고 셋째이면서도 장남처럼 가정에 관심을 가지고 처리하는 시동생이 믿음직스러웠다.

남편이 생활 때문에 빚을 진 것은 아니었다. 측량 기사 시험을 치러 대전을 가는데 폴대 잡는 인부 두 명이 필요하고, 교통비와 숙박비를 내야 하는데 돈이 없었던 것이다. 어머니에게 도움을 요청했지만 거절하셔서 중매한 분을 통해 빚을 얻어 쓴 것이다.

어느덧, 큰 시동생이 제대하고 집에 있으니 분위기는 한결 좋아졌다. 들일도 척척 잘하고 집안 분위기 조정도 잘해서 내 마음속 구름이 조금은 가시는 느낌이었다.

여름방학이 되니 막내 시동생과 같이 남편이 있는 부산에 다녀오라고 했다. 중학교 3학년 시동생은 형에게 공부를 배우게 하고, 나는 남편과 같이 있다가 방학이 끝나면 오라는 것이었다. 집 걱정은 조금도 하지 말고 다녀오라는 시동생이 고마웠다. 바보스러운 나는 그래도 남편을 만난다는 설렘이 있었다. 부산에 도착해 남편이 자취하는 비좁은 방에서 세 사람이 이틀을 지냈다.

함양

남편이 함양으로 전근이 되어 막내 시동생을 진주 시숙 집으로 보내고 우린 이사할 준비를 했다. 이사라고 해봤자 책과 옷, 가방, 부엌 자취 살림을 싸서 정기화물로 부치는 것이었다.

남편은 내일이면 부산을 떠난다고 인사할 곳이 많다며 저녁 무렵 나가고, 나 혼자서 이 생각 저 생각을 해 본다. 동래 군청에 전근 올 때만 해도 야간대학을 할 꿈이 있었던 남편이 아니던가? 아내 있는 곳이 멀어서 거창으로 지원했는데 거창은 안 되고 함양으로 전근이 된 것이다. 부모 형제 도움도 전혀 받지 못하고 혼자 힘으로 모든 어려운 환경들을 헤쳐 가야 하는 남편이 안쓰럽기도 했다. 밤이 깊어서야 만취한 남편이 돌아왔다. 무슨 걱정 근심이 있는지 말이 없다.

다음 날 남편은 군청에 들러 인사를 하고 떠나야 한다고 나갔다. 나는 오전 내내 무료하게 기다리면서 부산에 살았으면 더 좋았겠다는 생각을 했다. 또 한편으로는 함양은 가까우니 남편을 더 자주 만나겠지 하는 생각에 오히려 잘된 것이라며 스스로 위로했다.

얼마나 오랜 시간을 왔는지 여름 긴긴 해가 저물어 어둠이 짙어서야 함양에 도착했다. 지게꾼 행렬이 길게 늘어서 있는데 한 사람을 선택해 짐을 지우고 여관을 알선해 달라고 했다. 함양에서는 제일 좋은 여관이라며 삼일여관으로 안내받아 우린 그곳에서 함양에서의 첫날을 보냈다.

다음 날 남편은 시간이 되어 출근하고, 친정 쪽 집안 아저씨가 여관으로 나를 찾아왔다. 나에게 방을 구해준다고 하며 친절하게 대해 주셔서 위로와 안심이 되었다. 남편이 지낼 방을 구하러 다녔지만, 마음에 드는 방은 방세가 너무 비쌌다. 어쩔 수 없이 학생 자취방 같은 월세방을 1년에 1,200원으로 얻어 짐을 옮기고 그곳에서 이십 여일을 지내고 집으로 돌아왔다.

남편이 가까이 전근을 오니 2주마다 집에 왔다. 그러나 잠시라도 집안일에는 관심이 없고 언제나 읍내 볼일이 있다면서 온종일 밖에서 시간을 보냈다. 나는 무척 섭섭했지만 낮에는 나와 함께 할 수 없는 처지라 그러려니 생각했다.

그해 초겨울, 시동생이 결혼하게 되어 우리가 금반지와 시계를 맡아 준비했다. 신행을 온 동서가 반짝이는 한복 두루마기를 입고 들어서는데 키도 크고 예쁘고 모든 식구가 좋아했다. 누구보다 내 마음이 제일 좋았을 것이다. 그런데 한편으로는 동서가 안쓰러웠다. 남편과 함께 사는 시집살이라 수월할지 모르지만 염려도 되었기 때문이다.

*

새살림

음력설을 지나고 정월 초에 내가 바라고 고대하던 살림을 나게 되었다. 시집올 때 해 온 농짝을 옮기려고 하니 시어머니께서 차차 가져 가라고 했다. 옷을 넣을 데가 없어서 가져오고 싶었지만 시어머니 말씀을 거역할 수 없어서 가져오지 못했다.

쌀 조금, 간장 한 되, 무우 세 개 이렇게 봇짐을 들고 결혼한 지 3년이 접어들면서 새살림을 나왔다. 솥, 냄비, 밥그릇 하나 아무도 사주는 이 없었다. 남편도 새살림을 차리는데 돈을 주지 않았다. 시아버지께서는 며느리 새살림 나는데 함께 가야지 하시며 손녀딸과 함께 함양을 오셨다가 진주 큰아들 집으로 손녀를 데려다주고 며칠 뒤에 다시 오셨다. 시아버지가 여기 계신다는 소식을 듣고 큰 시동생도 왔다.

자취하던 그대로의 살림으로 살아가는데 여간 어려움이 아니다. 단칸방에 부엌도 자취하는 학생과 함께 쓰는데 정말 손님 접대하기는 너무 비좁고 옹색했다. 나는 옆방에 자취하는 여학생들과 함께 자고 일어나 아침밥을 해 놓고 남편 출근을 위해 깨우러 들어갔다. 이불을 걷으니 시아버지께서 설사를 해서 이불이 젖어 있었다. 아무 말도 하지 않고 이불로 도로 덮고 세 분 겸상을 차려 드리고, 남편 겹바지 저고리를 시아버지께 갈아입히고 이불을 씻으려니 큰솥 하나 없는 살림에 어떻게 빨래를 해야 할지 대책이 서지 않았다.

우선 약과 곶감을 사서 설사하는 어른에게 달여드리고 도랑에서 마른빨래를 했다. 비누칠을 해서 아무리 주물러도 똥물은 지워지지 않았다. 조그마한 솥에 물을 데워 손을 담그며 얼마를 주물렀는지 바람은 세차고 물은 얼음장 같았다. 빨래를 삶을 만한 솥이 없으니 더 막연했다.

힘껏 빨래하고 있는데 집주인 아주머니가 바쁘게 달려와 손님이 왔다고 했다. 집에 들어가 보니 친정어머니가 딸 새살림 차린 집에 다니러 오셨다. 큰어머니와 고모님도 함께 오셔서 너무 놀랐다. 반가움에 앞서 기가 막힐 지경이었다. 시아버지가 계셔서 들어갈 방도 없고 빨래는 도랑가에 있고. 날은 추운데 밖에 세워 둘 수도 없어 옆방 학생들 자취방으로 안내하고 시장에 달려가 반찬을 사서 밥을 해 드렸다. 곧이어 저녁에는 어떻게 해야 하나 궁리 끝에 친척 형님 집으로 안내했다.

다음 날 시아버지는 거창 본가로 가시고 남편이 휴가를 내어 친정 손님들에게 남원 광한루 구경을 시켜 드렸다. 나에게도 같이 가자고 했지만 하다 남은 빨래도 있고 갈 수 있는 상황이 아니었다. 고모님은 머지 않아 일본에 사는 아들네 집에 가시면 다시 돌아오지 못하기에 보고 싶은 사람도 만나고, 가고 싶은 곳도 다닌다고 하시니 어머니는 고모님을 위해 남원 구경도 사양하지 않으셨다.

나는 마음이 너무 서글펐다. 아무도 내 마음을 알아주는 이가 없어서다. 시댁 식구도 친정어머니도 왜 이렇게 내 사정을 몰라주는지, 남편은 누구보다도 더하니 어이 없기가 말할 수 없다. 방이라고는 조그마한 방 하나뿐인데, 부엌이라도 반듯하든지, 그것도 아니면 부엌살림이라도…. 정말 아무것도 갖추지 못하고 살림을 차린 형편에 손님은 왜 이리 자주 찾아오는지 반갑지가 않았다. 딸 살림 사는데 찾아오신 어머니와 고모 백모에게 소홀한 것 같아 마음이 상했다.

시아버지가 벗어 놓은 옷을 빨아서 손질해 꾸미려니 솜이 젖어 못쓰게 되어 남편에게 솜을 사야 한다고 했더니 씻어서 쓰라는 것이다. 냄새가 나서 이미 버렸다. 솜은 씻어도 다시 쓰지 못하기 때문이다. 너무 속이 상했다. 친척 되는 형님에게 걱정이 되어 이야기했더니 돌아가신 영감님 것이 많이 있다고 해서 얻어다가 옷을 만들었다.

이제 방 한 칸이라 청소할 것도 없고 남편이 출근하고 나면 할 일이 없어 점심때 식사하러 오는 남편을 기다리고 저녁에 퇴근하는 남편을 기다리는 게 나의 일과지만 마음도 편치 않고 쉬어도 쉬는 게 아니었다. 결혼 3년째 아이가 없었는데 올해가 지나도 아이가 없으면 생각해 볼 문제라며 남편도 무척 아이를 기다렸다. 나도 아이를 무척 가지고 싶은데, 마음이 불편했다. 내가 할 수 있는 것은 기도뿐이었다.

'하나님. 아들이든 딸이든 아이를 갖게 해 주시옵소서.'

첫아이를 가짐

음력 정월이 다 가고 2월에 접어들어 주일날 교회에 다녀와서 점심에 국수를 해 먹는데 속이 메스꺼워지면서 토할 것 같아서 아예 점심을 먹지 못했다. 평소에 위장이 나쁜 것도 아니라 첫아이를 가진 것도 모르고 지내다가 생리 빠진 달을 세어 본 후에야 알았다. 한 집에 네 가구가 살고 있는데 봄이 되니 우물물이 모자라 가까운 이웃집으로 가서 물을 길어 와야 했다.

마침 남편과 함께 근무하는 군청 직원 집이라 반가워하며 친절하게 대해 주셨다. 내가 임신한 것을 알고 사모님은 나를 부엌으로 불렀다. 상추쌈에 갓 지은 밥과 된장을 얹어 먹으라 하는데, 아이를 업고 마당에 계시는 그 댁 시어머니에게 미안한 생각이 들어 사양했다. 어느새 시어머니가 집 밖 골목으로 나가셔서 후다닥 한 입 먹었다. 정말 꿀보다도 더 맛있는 밥을 임신 후 처음 먹게 해준 그 사모님을 평생 잊지 못한다.

아기를 낳으면 단칸방 생활이 어려울 것 같아 방 두 칸으로 이사를 했다. 차츰 배가 불러와 시댁에 임신 사실을 알렸는데 시어머니께서 오셨다. 시어머니 앞에서는 늘 긴장되고 힘이 든다. 또 무슨 잘못한 것을 지적할까 걱정이었다. 그날이 장날이라 시장 구경을 가자기에 같이 갔는데 초여름 과일로 처음 나온 살구를 한 소쿠리 사서 나에게 주시면서

"아이를 가지면 신게 먹고 싶은 것이다."

이 말씀에 얼마나 감격했는지 모른다. 나도 사랑받을 수 있는 며느리구나 하는 마음에 시어머니께 감사 인사를 드렸다. 이제부터 나는 아무것도 부러울 것이 없는 사람처럼 한 달 한 달을 손가락으로 달력을 짚으며 산월을 기다렸다. 얼마나 기다리던 아이인가 아들일까 딸일까 궁금해 하면서 자꾸 아들을 기다렸다.

내가 아들을 바라는 이유는 딸로 태어난 나의 비참함 때문이다. 얼마나 참아야 하는지, 언제까지 가슴이 아파도 아픈 척을 말아야 하는지, 여자는 무조건 순종 또 순종해야 하는 문화속에서 자란 나를 생각하면 나는 딸을 낳기가 싫었다.

남편은 거창으로 전근이 되어 가끔은 시어머니댁에서 자고 돌아오지 않는 날도 있었다. 전화도 없어 연락이 안 될 때라 막연하게 기다릴 때도 많았다.

그러던 어느 날, 농협에 다니는 친구가 찾아와 다른 친구의 아들 첫돌 잔치에 같이 가자고 했다. 그곳에서 나를 포함해 여중 동기 네 명을 만났다. 여름밤이라 잠깐인 듯했는데 10시가 되었다.

집에 오니 방문은 잠겨 있고 기척도 없다. 아무리 문 좀 열어 달라고 사정해도 열어 주지 않아 집주인 할머니를 찾아가 사정을 이야기했다. 할머니는 문을 두들기며 말씀하셨다.

"여름밤 10시가 무슨 늦은 시간이라고 문을 안 열어 주나? 감주사, 감주사! 문 좀 열어 줘 봐. 새댁이 집안 오리처럼 밤이나 낮이나 집에만 있는 사람인데, 처음 친구 아이 돌잔치 갔다가 조금 늦을 수도 있지. 이러지 마."

그제서야 문을 열어 주었다. 집주인 할머니는 마음이 좋으시고 아들 며느리 함께 사시면서 재물도 많아 전화도 있고 아들은 군청 공무원이었다. 집에는 늘 손님이 떠나지 않았고 가정도 무척 화목해 보였다.

나는 너무 자유가 없었다. 남편은 내가 주일에 교회 갔다 오는 것도 못마땅하게 여겼다. 그러나 어려운 시집살이도 끝났고 기다리던 아이도 가졌으니 이 정도 어려움은 얼마든지 감수하자는 마음으로 지극정성으로 남편에게 순종했다.

*

첫 아들

1965년 11월 26일 오후 3시 10분.

어젯밤 12시부터 배가 아프기 시작해 시간이 갈수록 점점 더 아파오는데 감당하기 어려워 어찌할 바를 몰랐다. 아침이 되니 일어날 수도 없고 병원에 갈 생각은 아예 하지 못했다. 열 달 동안 한 번도 병원을 가지 않았기 때문이다. 어제 저녁에 들렸던 친정 친척 형님이 혹시나 하고 아들을 보냈다.

그 조카에게 어머니를 모시고 오라고 부탁해서 친척 형님이 오셔서 아침밥을 지었다. 아침 식사 후 출근길에 시어머니에게 전보를 친다고 하며 나간 남편이 어두워도 들어오지 않았다. 숨이 막힐 것 같은 서너 시간이 지나 몸부림이 점점 심해지니 큰방 사모님이 자기 집 전화로 산파를 불렀다.

음력 동짓달 초나흘 오후 3시 10분에 아기 울음소리가 들리고 '아들이다!' 하는 소리에 나는 마음이 놓였다. 열두 시간의 산고 끝에 자연분만으로 아들을 낳으니 천하를 얻은 것 같았다.

머리카락은 새까맣고 온몸이 토실토실하여 일주일이 넘은 아이 같다고들 하는데 나는 지금까지 살아오면서 이렇게 표현할 수 없는 큰 기쁨은 처음이었다. 전보를 받은 시어머니도 도착하셔서 아기 목욕도 시키고 미역국도 끓여 주시고 하는데 아기 아빠는 퇴근 시간이 지나도록 집에 들어오지 않았다.

진통으로 오래 고생한 탓인지 기진맥진 힘이 없었다. 생명의 잉태

와 분만을 직접 겪어 보지 않고는 얼마나 힘든지 아무도 모른다는 말을 이제야 알 것 같았다. 출산한 지 8일 만에 시어머니 생신이어서 걸음도 제대로 걷지 못하지만 반찬거리를 잔뜩 사다가 생일상을 차려 드렸다.

시어머니께서는 열흘 동안 산모를 열심히 도우시고 가셨다. 아기가 태어난 지 20일 되던 날 시아버지의 병세가 위중하시다고 전보를 받았다. 아직 아기를 업을 시기도 아니고 포대기도 준비되지 않았지만 어쩔 수 없어서 집주인 아기 포대기를 빌려서 아기를 업고 거창 가는 막차 버스를 탔다. 그날이 장날이라 완전 짐짝처럼 사람을 태웠다.

나는 그 추운 겨울에 땀이 팥죽같이 흐르고 등에 업힌 아기가 잘못될까 걱정됐다. 몇 정거장 지나서야 겨우 자리를 잡고 아기를 안을 수가 있었다. 거창읍에 도착하고도 거의 1.5km 정도 논길을 걸어야 했다. 택시를 타고 싶어 몇 번을 망설이다가 결국 말하지 못하고 눈이 소복이 덮인 논길을 조심조심 걸어서 시댁에 도착했다.

시어머니와 시동생 내외가 시아버지 곁에서 임종을 기다리며 지키고 있었다. 왕진 온 의사가 노환이니 곧 돌아가신다고 자녀들 모두 연락하라고 해서 전보를 쳤다고 한다. 진주에 계시는 시숙 내외는 차가 없어 내일 첫차를 탈 것이라고 우린 짐작했다.

밤이 깊어지면서 시동생 내외와 시어머니는 쉬게 하고 우리 내외가 아주 작은 숨소리만 내는 아버님을 지키기로 했는데 남편은 많이 고단한지 잠이 들었다. 나는 임종을 지키지 못할까 봐 정신을 차리고 지켜보았다.

새벽녘에 시아버지가 하품하시는데 쉰 냄새가 진하게 났다. 혹시나 체한 것이 아닌가 싶어서 소화제를 곱게 갈아 물에 타서 아기에게 약

을 떠 먹이듯이 했다. 4~5분쯤 지나 트림을 하시고는 '후~' 하고 숨을 쉬기 시작하시더니 눈을 뜨고

"네가 누고? 함양 아가 아니가? 애는 어떻게 하고?"

라고 말씀하시며 나를 알아보셨다. 이렇게 다시 일어나신 시아버지는 아이가 초등학교 입학하던 해까지 사시다가 그해 4월에 돌아가셨다.

그 이튿날 남편은 출근한다고 혼자 가고, 나는 언제 어떻게 될지 모르는 시아버지 수의를 한다고 못 가게 해서 3일을 더 머물며 일을 마치고 돌아왔다.

집에 돌아온 후 아이는 밤잠을 자지 않고 자주 울었는데 백 일이 넘어서야 잘 자고 잘 놀기 시작했다. 전세 살고 있는 집이 십삼만 원에 팔렸다. 집을 구하러 다니다가 1년 사글세 2,500원 하는 집을 구했는데 마침 그 집이 친구 외가댁 작은방이었다. 친구는 부엌방에서 자취를 하고 있었고 친구 외조부모님은 연세가 많으셨다.

토요일에 이사를 하는데 친척 조카가 빌려 온 리어카에 짐을 실어 나르고 마당에 흙을 파서 솥을 걸었다. 이삿짐이라고 해 봐야 옷 넣는 앞닫이 하나와 전축, 책상, 작은 책장뿐이고 부엌에는 찬장 대신 나무사과 상자를 써야 했다. 너무 초라한 살림살이라 친구 보기도 부끄럽고 큰방 할머니 보기도 부끄러웠다.

둘째는 딸

아들 하나로도 만족했지만 둘째를 가지게 되었다. 남편이 좋아해서 나도 덩달아 좋았다. 또 그동안 고민했던 일도 거의 정리되어 더는 걱정할 이유도 없다고 생각했다. 그런데 하루는 큰 시동생이 찾아와서 돈을 빌려달라는 것이다. 겨우 전세 살던 돈 찾아 월세 얻고 남은 돈이 이만 원 정도 있는데 십만 원을 빌려 달란다. 그러자 남편이 동생에게 되묻는다.

"내가 그 큰돈이 어디 있어?"

"형님. 현금 없는 줄 알고 왔어요. 근데 형님이 거창에 곗돈 붓고 있는 거 내가 미리 낙찰해서 쓰려고요."

당시 시동생은 만화 가게를 하고 있었는데, 도저히 그것으로는 수입이 적고 생활하기 어려워 라디오 상점을 하기로 했다며 꼭 돈이 필요하다는 것이다. 우애가 두터운 형은 거절하지 못했다.

시동생은 남편에게 고맙다는 말과 함께 이자는 못 주더라도 원금은 꼭 갚을 것이라 했다. 시동생이 얼마에 낙찰해 썼는지 알지 못한 채 우리는 2년도 넘게 곗돈을 부었다.

그때 함양에 삼 칸집 한 채에 삼십만 원 정도 했다. 그 후 빌려간 돈을 지금까지 갚지 않았고, 한 번도 달라는 말을 하지 못했다. 남편도 나도.

1967년 10월 25일 오전 7시.

그 전날 언니가 와서 볼일 보는데 같이 다니고 저녁에는 친구가 놀러 왔다. 오랜만에 만난 친구 대접한다고 영화를 보러 갔다. 제목이 〈백조〉라는 것만 생각나고 내용은 눈에 들어오지 않을 만큼 몸이 불편했다.

자정부터 통증이 오는데 감당하기가 힘들었다. 그래도 아직 예정일이 일주일이나 남아 있어서 분만 조짐은 아니라고 생각했다. 하지만 점점 통증이 심해지니 혹시 잘못되는 것이 아닌가 싶어 불안해지기 시작했다. 고통스러워하는 나를 본 남편이 의사를 모시러 나간 후 나는 도저히 견딜 수 없어 큰방 아주머니를 소리 질러 불렀다. 큰방 아주머니는 치마를 거꾸로 입고 달려오고, 아랫방 아주머니는 잠옷을 입고 달려와 아기를 받았다.

싸늘한 방에 불도 때고 물을 데워 아기를 씻기는데 남편은 이 병원, 저 병원 문을 두드려도 열어주지 않는다고 돌아왔다. 아직 분만 날짜가 일주일 남았다고 생각해 아무것도 준비하지 않고 있었다. 아이에게 너무 미안했다.

세 살 아들은 공포에 질려 한쪽 구석에 서 있다가 아빠를 보고 울며 매달린다. 남편은 아이를 안고 거리가 먼 시장에 가서 미역을 사 왔다. 큰방, 아랫방 아주머니들께서 국도 끓이고 밥도 해 주셨다.

출근길에 전보를 쳤는지 한나절 넘어서 시어머니가 오셨다. 6일 동안 나를 구완해 주셨다. 늦가을 10월 말, 날씨가 매우 쌀쌀했다. 어찌나 딸아이가 순한지 먹으면 자고, 먹으면 놀았다. 나는 아이를 업고 걸리고 교회에 다녔다. 교회가 멀어 너무 추운 날에는 빠지는 날도 있었다.

*

남동생 대학 졸업식

남동생은 오 남매 중 외동아들이라 친정 식구에게는 금과 은, 보석과도 비교할 수 없는 존재이다. 남동생이 교육대학 졸업을 하는데 남편이 함께 졸업식에 축하하러 가기로 약속했는데 급한 일이 생겼다고 나만 다녀오라고 했다.

딸아이를 업고 세 살 아들은 걸리고 시외버스를 몇 시간 타고 또다시 시내버스로 갈아탔다. 자가용은 상상도 못할 때라 젊음을 과시하며 힘차게 잘 다녔다.

"엄마-!"

"아이고. 왜 이렇게 늦게 오니."

친정에 들어서니 업은 애기, 걸어온 애기 모두 반가이 맞이해 주셨다. 작은언니는 벌써 와 있었다. 어머니는 내가 오면 점심 먹으려고 아직 점심을 먹지 않았다고 하면서 솥에 물을 얹어 놓았으니 어서 국수를 삶으라고 하셨다.

점심시간이 훨씬 넘은 시간에 나 오기만 기다리다가 내가 오니 점심을 하라는 엄마의 마음은 딸에 대한 어떤 마음일까. 가슴이 휑하고 복잡한 심정이었다. 부엌에 나가 점심을 하면서 남편이 안 오기를 참 잘했다는 생각이 들었다.

다음 날, 온 식구가 동생 교육대학 졸업식에 가서 축하를 했다. 아버지께서는 외식을 하자고 하신다. 얼마나 오랜만의 외식인가. 학교 근처 식당마다 사람이 너무 많아 겨우 자리를 잡고 앉아서 울면을 시키셨다. 우동, 짜장은 빨리 나오는데 우리가 시킨 음식이 빨리 나오지 않아 어머니가 조급해 하셨다. 아버지께서는 고급 음식은 시간이 걸린다면서 어머니 마음을 느긋하게 해 주셨다. 먼 길이었지만 동생 대학 졸업식에 다녀온 것은 기쁨이었다.

*

또 이사

시아버지가 오신지 일주일이 넘었다. 단칸방에서 아이 둘을 키우며 모시려니 여간 불편한 것이 아니다. 그래도 시아버지가 여기 계시는 동안 거창 동서가 잠시라도 수월하지 않을까 하는 생각도 들고, 또 시아버지께서 성품이 좋으시고 식성도 까다롭지 않아 아무거나 맛있게 잘 드시기에 모시고 싶은 마음도 간절했다. 방 두 칸에 반듯한 부엌만 있다면 계속 모시고 싶었다. 좁은 집에 식구도 많아 고생하는 동서를 생각해도 그렇고 시아버지가 좋아하셔서 더욱 그렇다.

그러던 중에 살고 있는 집이 팔렸다. 두 아이를 데리고 며칠간 돌아다닌 끝에 시장 근처 방 두 칸과 조그마한 부엌이 있는 아래채를 전세로 구했다. 남편에게 방을 보러 가자고 하니 가지 않는다고 해서 혼자 이삿날을 정하고 친척 조카에게 리어카를 빌려 이사해 달라고 부탁했다.

남의 리어카를 빌려 왔기에 아침 일찍 짐을 옮기려고 서두는데 남편은 일어나지도 않는다. 아이를 업고 서랍, 옷장, 책장, 전축을 들어냈다. 이삿짐이라고는 방안 살림이 전부였다. 짐이 있던 자리에 먼지가 겹겹이 쌓였는데 남편은 그제서야 일어나 차려준 밥을 먹고 출근했다.

"집을 모르는데 어떻게 찾아올 건데요?"

"동광 여관 근처라고 했으니까 찾다가 못 찾으면 여관에서 자면 되지."

농담 한마디 던지고 출근길을 나선다. 부엌살림을 정리하는데 찬장으로 사용했던 나무 사과상자를 들어내니 죽어서 말라 있는 쥐가 두 마리 있었다. 울타리도 문도 없는 부엌 단칸방에서 3년 가까이 참 불편하게 살았다.

이삿짐을 옮겨준 조카가 가고 난 후 대문 밖 논두렁 흙을 파다가 솥을 걸고 부엌살림을 정리하는데 남편은 점심때라고 집을 찾아와 밥을 달라고 한다. 급하게 라면에 찬밥을 차려주었다. 나는 요령이 전혀 없는 사람이다. 세 살, 한 살 되는 아이 둘을 데리고 이사했는데 점심 먹으러 온 남편에게 우동 한 그릇 사 먹자고 말 한마디 못하는 아주 바보 중의 바보였다. 그런데 식사하고 나가면서 저녁에 사무실 직원들을 초대했으니 준비하라고 명령하고는 가 버렸다. 무엇을 어떤 식으로 준비해야 한다는 의논도 상의도 없이.

초가을이라 한낮에는 더웠지만 시장이 가까워 연신 들락거리며 부지런히 저녁 준비를 했다. 한 집에 세 들어 사는 집이 두 집이나 더 있었다. 이사 잔치를 하면서 한 집에 사는 세 가정까지 챙기려니 여간 힘든 일이 아니었다. 마침 대문채에 사시는 할머니께서 매우 딱해 하시며 아이를 업어 주셨다.

그렇게 이사 잔치를 하고 한 달 후, 딸아이 첫돌 잔치도 했다. 남편 사무실 직원들과 내 친한 친구 몇을 부르고 한 집에 사시는 분들도 대접해 드릴 수 있어서 무척이나 흐뭇했다.

내 집 마련

이사 온지 겨우 2년도 안 되어서 또 집이 팔렸다. 이사하는 집마다 집이 팔리니, 이제 셋째까지 가졌는데 더 이상 셋집을 구하러 다닐 수가 없었다. 해마다 집값이 오르니 여간 걱정이 아니었다.

거창 시동생이 빌려 간 돈만 돌려 주면 많은 돈을 빌리지 않아도 집을 살 터인데 우리 부부는 이렇게 말하면서도 누구도 용기를 내어 시동생 부부에게 말하지 못했다. 아직 시동생이 장사한지 얼마 되지 않아 기반을 잡지 못한 상태이고 오히려 형제 우애에 금이 갈까 염려되어 어려움에도 우리 부부는 말하지 않았다.

계 모으는 사람에게 먼저 낙찰 받아 쓰고 다달이 원리금을 갚는 방식으로 돈을 마련하여 집을 사서 이사를 했다. 아래채도 완공되지 않았고 화장실도 짓다가 만 그런 집이지만, 남향집이라 따사롭고 깨끗한 새집이었다. 초등학교가 바로 앞에 있어서 아이들 교육에도 매우 좋을 것 같아서 더욱 맘에 들었다. 불을 때는 아궁이도 있고 방마다 연탄 아궁이라 더욱 편리했다.

*

큰 딸아이 화상

셋째를 가져 산월이 가까워 오는데 막내 시동생이 고등학교를 졸업하고 군청 임시직으로 취직해 와 있었다. 몸은 무겁고 다섯 식구 밥이며 빨래며 할일이 너무 많았다. 밀린 일을 열심히 하다 보니 어느새 점심때가 가까워 오고 있었다. 부엌방 솥에 물을 얹어 놓고 우물가에서 빨래를 하고 있는데 딸아이 우는 소리가 들렸다. 얼른 가 보니 뜨거운 물에 한쪽 팔이 빠져 있었다. 눈앞이 아득해져 얼른 안아 옷을 벗기니 옷에 살갗이 묻어 나왔다.

딸을 안고 울면서 병원을 달려가는데 배는 불러 걸음이 걸리지 않아 허둥거리며 병원에 갔다. 치료를 하는데 딸아이는 숨이 넘어가듯 울음을 그치지 않는다. 나는 남편의 호통이 두려워 집에 가지도 못하고 친한 사모님 집으로 갔다. 아이가 아파서 견디지 못해 우니 사모님이 화상 상처를 붕대로 싸서 더 아플 거라고 해서 풀어줬더니 울음을 그쳤다. 연신 우느라 지쳤는지 잠이 들어 살며시 붕대를 감아 주고 집에 돌아오니 남편은 화가 머리끝까지 나서 호통쳤다.

사실 화를 내지 않아도 내 잘못은 내가 안다. 이보다 더 잘못한 일이 있을까. 집안일은 잘 못해도 아이를 잘 키워야 하는데, 얼마나 후회하고 또 후회했는지 모른다. 계속 병원을 다녔지만 살갗은 엉키고 손가락은 부분적으로 오리발처럼 붙었다. 사흘 낮, 사흘 밤을 업고 나부대며 몸도 마음도 쓰리고 아팠다.

한 달이 지나면서 상처는 아물었지만 흉터는 기가 막혔다. 아프지 않으니 딸은 조잘대며 놀았지만, 흉터를 볼 때마다 찢어지는 내 가슴은 어디 견줄 데가 없었다. 잘 키우려고 했는데…. 도시 큰 병원에라도 가 보고 싶었지만 아이들과 남편까지 챙기느라 엄두도 못 내고 그냥 지냈다.

*

셋째를 낳다

1969년 5월 7일.

셋째가 태어났다. 예쁜 딸이다. 시어머니는 세 번째 구완하러 오셨다. 얼마나 깨끗하고 단정하신지 치맛자락에 휘파람 소리가 나도록 부지런히 해 주시는데 닷새가 지나니 힘이 드셨는지 그만 가셨다.

조그만 마당에 채송화도 심고 예쁜 꽃들을 가꾸고 감나무도 세 아이 몫으로 세 그루 심고 옥수수도 심었다. 대문을 활짝 열어 놓고 청소를 했다. 길 가는 사람들은 그냥 지나가는데 내 속으로는 모두가 나를 부러워하는 것만 같았다.

그런데 매월 갚아야 할 돈을 생각하면 여간 걱정이 아니었다. 우리 부부는 아끼는 중에 더 아껴야 했다. 감자 한 되로 다음 장날까지 5일을 먹어야 했다. 돼지고기 반 근을 사면 물을 많이 부어 여러 때를 먹고, 보리쌀을 많이 섞어 먹었다. 아이들에게 간식으로 과일을 사 먹일 생각은 하지도 못했다.

작은언니가 읍내 볼일이 있어 올 때마다 미숫가루며 떡이며 감, 홍시, 기염까지 가져다 주었다. 얼마나 줄이고 아껴야 하는지 그해 겨울은 유난히 추웠다. 하룻밤 사이에 눈이 엄청 많이 와서 며칠 동안 교통이 두절되어 연탄 파는 곳이 없었다.

우리는 항상 연탄을 여유있게 준비하지 못했다. 연탄이 떨어져서 연탄재 세 개에 솥을 얹어 놓고 종이로 불을 때서 밥을 해 먹었다. 방은 냉돌이라 마루로 나와 이불을 펴놓고 햇볕에 앉아서 아기 기저귀를 내 가슴에 데워서 채웠다.

그러던 중 우리 집을 소개한 사모님이 놀러 왔다. 왜 추운데 마루에 앉아 있느냐고 묻길래 사정을 이야기했더니 사모님은 미련한 사람이라고 나를 나무라며 얼른 자기 집에 데리고 가셨다. 그리고 둘이서 그 집 연탄을 두 장씩 새끼줄에 끼워 가지고 와서 겨우 불을 피웠다. 이듬해 겨울부터는 연탄을 넉넉히 준비했다.

당장에라도 계사를 지어 양계 사업을 확장하고 싶지만 돈이 없어 어떻게 할 수가 없었다. 우선 일꾼을 사서 밀을 심었다. 겨울이 지나 봄이 되어 아이를 재워 놓고 새벽에 나가 밀밭에 김을 매고 감자를 심어 칠백 평 땅 농사를 혼자서 틈틈이 다 하고 있었다. 나는 일에 중독이 된 사람인가 아니면 원래 요령이 없거나 모자란 사람인가.

PART 3

요령 없는 인생

부업 • 시아버지 별세 • 친정아버지가 돌아가시다 • 시어머니가 돌아가시다 • 막내아들 출산 그리고 이사 • 생활 수기 입선 • 요구르트 • 이혼을 결심하다 • 돼지똥 • 텔레비전 • 셋째의 봄소풍 • 시동생 결혼 • 밤나무 산 • 금비녀와 회개 • 사과 따는 계절의 전경 • 인정이 넘치는 엄마 • 냉장고 • 화상 수술 • 과수 단지

부업

무엇이든 부업을 해서 살림에 보태야 한다는 생각 끝에 닭을 기르기로 했다. 처음에는 병아리 열 마리를 키웠는데 여섯 달 후부터 알을 낳아 팔았더니 반찬값이 넉넉해졌다.

마릿수를 늘리면 생활비도 나올 것 같아 작은방에서 병아리 백 마리를 키웠고 아래채를 수리하여 양계 사업을 시작했다.

1969년도에 이곳에는 배합 사료가 공급되지 않을 때라 맥강, 미강, 소맥, 피 모두 사서 배합했다. 밀은 시장에서 사 왔고, 조개껍질은 주워 오고, 채소도 주워 모았다. 리어카도 없이 머리에 이고 날랐다. 그렇게 해서 모은 돈으로 집을 살 때 빌린 돈을 다 갚았나. 실수하지 않으려고 부단히 노력하였다.

그런데 문제는 계분 처리하기가 보통이 아닌 데다가 냄새가 지독하고 닭 우는 소리도 시끄러워 이웃에게 여간 미안한 일이 아니었다. 그렇지만 닭 백 마리 수입이 우리 식구 먹고사는 생활비가 되었다. 그러자 삼백 마리를 키웠으면 하는 욕심이 생겼다.

또 부채를 지면서 새로운 계획을 세웠다. 그해 가을에 둘째 시동생이 결혼을 했는데, 가정에 큰일을 치를 때마다 항상 한몫을 부담해야 했다. 작은시누이가 중매를 했는데 신부가 너무 맘에 들었다. 동서들이 하나같이 키가 크고 마음씨가 비단결이다.

신행 오는 날 밤에 온 가족이 노래를 부르고 신부도 노래했다.

"아! 목동들의 피리 소리들은 산골짝마다 울려 나오고~"

목소리가 아주 좋다. 동서를 맞이할 때마다 너무 반갑지만, 내가 살아보니 결혼은 행복이 아니라 고생길로 접어든다는 생각에 마음이 착잡했다. 내가 생각을 잘못하고 있는 것은 아닌지 늘 의문이었다.

그다음 해 칠백 평 논을 샀는데 못자리를 할 수 없어 밭과 같은 논이었다. 이웃에서는 물이 엄청나게 모자라 벼농사가 잘 안되는 논을 잘못 샀다고 하지만 다 계획이 있다고 대답했다.

당장에라도 계사를 지어 양계 사업을 확장하고 싶지만 돈이 없어 어떻게 할 수가 없었다. 우선 일꾼을 사서 밀을 심었다. 겨울이 지나 봄이 되어 아이를 재워 놓고 새벽에 나가 밀밭에 김을 매고 감자를 심어 칠백 평 땅 농사를 혼자서 틈틈이 다 하고 있었다. 나는 일에 중독이 된 사람인가 아니면 원래 요령이 없거나 모자란 사람인가.

큰아들은 일곱 살이라고 하지만 11월 26일생이라 만 다섯 살 남짓한데 한글을 다 읽고 산수도 제법 잘하면서 학교를 가고 싶어 했다. 학교 보내 달라고 어찌나 조르던지 견딜 수가 없어서 학교에 찾아가 사정을 말하고 취학통지서도 없이 초등학교에 입학했다.

아침 일찍 학교 갈 준비를 챙겨 주고, 숙제도 봐 주어야 하기에 정말 바빴다. 이곳은 시골이라 유치원도 학원도 없고 어린이집은 이름도 들어 본 적이 없었다.

찌는 듯 더운 초여름, 감자를 캐니 열네 가마니다. 곡식이든 열매든 담는 그릇은 짚으로 만든 가마니뿐이었다. 감자 한 바가지씩만 주면 서로 감자를 캐 주려고 하니 일손이 한정 없이 많을 때라는 것을 알 수 있다. 인심도 넉넉하고 돈벌이할 곳이 없던 그런 시절이었다.

좋은 씨감자를 흥농종묘사에서 구입해 소출이 많았다. 생각보다 수입도 제법 되었고 여러 곳에 인심도 썼다. 감자 한 되로 5일을 먹던 때를 생각해서 아주 조무래기까지 알뜰하게 먹었다. 밀 수확도 해서 국수도 빼 놓고 수제비며 빵이며 아이들이 좋아하는 간식을 풍성히 해 줄 수 있어서 몸이 고된 줄도 몰랐다.

그해 벼농사는 친척을 통해서 남에게 맡겼다가 가을에 도지를 받았는데 너무 허무해서 다음 해에는 직접 벼농사도 지었다. 농사가 결코 쉬운 일은 아니지만 수확이 많아 식량 걱정도 더 이상 할 필요 없으니 저절로 힘이 났다.

*

시아버지 별세

1971년 음력 3월 29일 시아버지께서 돌아가셨다. 몸이 약하시어 고생을 하고 계셨지만 막상 돌아가셨다는 연락을 받으니 안절부절 어찌할 바를 몰랐다. 남편은 초등학교 다니는 큰아이만 데리고 먼저 가면서 나보고 집을 봐줄 사람을 구해 놓고 아이 둘을 데리고 오라는 것이다. 빈집이면 잠그고 가면 되지만 닭을 맡겨야 하니 난감했다. 전화가 없으니 어디 알아볼 수도 없어서 아이 하나는 걸리고 어린 것은 업고 친척 형님께 찾아가 사정을 말하고 집을 맡겼다.

버스를 타자마자 얼마나 차멀미를 했는지 기저귀 가방에 계속 토했다. 정신을 잃을 정도였다. 버스에서 내려 1.5km 거리를 걸어 논길로 접어들어 토한 것을 씻었다. 아이 둘을 업고 걸리고 기저귀 가방과 옷 보따리를 들고 시댁에 들어서니 슬픔이 가슴으로 밀려와 통곡에 통곡을 했다. 일흔 다섯 연세로 사람들은 장수하셨다고 하지만 마지막 다시 못 볼 이별은 너무 슬프다. 평소에 얼마나 며느리에 대한 사랑이 많으셨는지 무슨 음식이나 맛있다고 하시고 단칸방이지만 우리 집에 계시기를 좋아하시던 시아버님이라 울음을 그칠 수가 없었다.

시아버지는 정말 심성이 좋으신 분이셨다. 음력설 지나고 정초에 어렵게 사는 이웃을 초대해 대접하는 것을 좋아하셨다. 가을에 참새가 떼를 지어 벼이삭을 먹으면 시어머니는 "새를 좀 쫓으라" 하시는데 시아버지는 "새가 농사도 안 짓는데 한해 한철 먹어야 살지!"라고 하셨다.

동네에서도 호인이라는 말을 들으셨다. 시아버지는 언제나 호롱불 밑에서 삼국지를 읽으셨는데, 돌아가시던 날 밤에 동네에 전깃불이 처음 들어왔다.

우린 마냥 슬퍼할 수만 없고 장례 준비를 해야 했다. 광목을 사서 상주가 입을 옷을 만들기 시작했다. 윗동서는 몸이 불편하다고 부산에서 오지 않았다. 네 명의 동서 중에 내가 맏며느리 역할을 하게 되어 음식 장만하는 것부터 문상객 대접하는 것까지 총 책임자였다.

남편도 마찬가지였다. 시동생도 시숙도 굴건제복이 불편한지 손님이 뜸하면 벗어 버리니 동생 손님도 형 손님도 모두 남편이 맞이했다. 집은 비좁은데 오 형제나 되니 문상객도 많아 정말 힘들었다. 상복 치마가 더러워 뒤집어 입어도 금방 새카맣게 되어 버렸다.

사오일이 어떻게 지났는지 삼우제를 마치고 집으로 돌아오면서 상여 앞에 들고 가던 조기를 가지고 왔다. 깨끗이 빨고 검정물을 들여서 아이들 이불 속통도 만들고 새로 태어날 아이 손 포대기도 만들었다. 다시 일상으로 돌아온 나는 하루가 어떻게 지나갔는지 닭 사료 구입, 닭똥 치우기, 논 일, 게다가 아이 셋과 출근하는 남편과 시동생 뒷바라지까지 해도 해도 일은 끝이 보이지 않았다.

그래도 어두워지면 밤이 오고, 밤이 오면 잠자리에 들고, 단잠을 자고 나면 아침에는 새 힘이 난다. 나들이도 안 하고, 이웃이나 친구를 만나지도 않고 일만 할 뿐이었다. 다른 어떤 생각을 할 틈도 없이 일에만 몰두했다.

초등학교 1학년 큰아들과 예쁜 두 딸이 온갖 귀여운 짓을 했다. 큰딸은 노래도 잘 부르고 작은딸은 오빠가 외우는 국민교육헌장도 따라 외웠다.

"우리는 민족중흥의 역사적 사명을 띠고 이 땅에 태어났다."

말도 똑똑히 못하는데 쭉 외우기를 잘 했다. 아빠는 그 모습이 귀여웠는지 곧잘 시키면서 공부를 잘할 거라고 좋아했다. 자식이 없이 살아가는 사람은 무슨 즐거움이 있을까 하는 생각이 들었다.

*

친정아버지가 돌아가시다

매일매일 바쁜 일상이라 친정도 시댁도 전해 듣는 소식 없이 여름이 다 지나가는데, 친정아버지가 편찮으시다는 연락을 받았다. 음력 7월 29일이 아버지 생신이라 작은딸만 데리고 친정에 갔다.

아버지는 정월부터 감기처럼 병이 나서 몇 주간 약국 약을 사서 드셨지만 차도가 없으셨다. 동네 병원에 갔더니 큰 병원에 가 보라고 해서 검사를 했는데 폐암 진단을 받으셨다. 사업하던 차도 팔고 병원 치료를 받았지만 가망이 없다는 말만 들으셨다.

그럼에도 매일 성령의 능력으로 안수하는 분에게 기도를 받고 교회 출석도 하고 계셨다. 나는 가슴이 너무 아팠다. 내 삶이 너무 힘들고 바빠 한 번도 아버지 생신을 축하하러 가 본 적이 없었다. 이번이 처음이었다.

쉰여섯 연세에 떠나신다는 것을 도저히 받아들일 수 없었다. 조금도 섬겨드리지 못해서 더욱 가슴이 미어졌다. 생신상이라고 해야 죽만 드셨다. 착잡한 마음으로 아버지 돌아가시면 입혀 드릴 수의를 주문했다. 이제 각오하고 준비만 해야 한다. 오후 늦게 작별 인사를 하고 돌아서는데 눈물이 나고 말문이 막힌다. 아버지는 신작로까지 따라 나오셨다.

"감실아. 네가 어려운 걸음 했다. 어린 것 데리고."

그 말씀에 대답도 못 하고 언니와 나는 버스를 타고 두 시간을 오면서 한마디의 말도 할 수 없었다. 슬픔이 북받쳐 말문이 막혔다.

한 달 후에 아버지는 돌아가셨다. 삶이 무엇이기에 일에만 몰두하며 살았을까. 잠시라도 일을 맡길 데가 없어서 아버지 살아 계실 때 한 번 더 찾아뵙지 못한 것이 너무 가슴 아프다. 아버지 용서하세요.

*

시어머니가 돌아가시다

친정아버지가 돌아가시고 한 달 후 시어머니가 돌아가셨다. 평소에 자주 피곤해하시고 병원에 여러 번 입원한 적이 있지만 이렇게 빨리 돌아가실 줄은 몰랐다. 합천에 사는 셋째 아들 집을 방문했다가 부산 큰아들 집에 가셨다고만 들었는데, 얼마 지나지 않아 간암 진단을 받고 치료 중에 돌아가셨다. 예순 여섯 많지도 않은 연세에 떠나셨다.

지금 돌아보면 시어머니는 정말 고생이 많으셨다. 시대가 그러하기도 했지만 작은 체구에 십 남매를 낳아 구 남매를 키우시고 어려운 살림에 향학열이 많은 아들들의 뒷바라지며 현해탄 건너에 사는 아들 딸을 만나지 못하는 그리움과 안타까움이 오죽했으랴.

시어머니는 깔끔한 성품에 지혜가 많으신 분이었다. 여름에는 밭 한쪽에 구덩이를 파고 콩을 심어 흙으로 덮어 두면 콩나물이 노랗게 자란다. 어머니는 그것을 파다가 제사 나물로 쓰셨다. 절약 또 절약하면서 사신 인생이셨다.

4월에 아버님이 돌아가시고 빈소가 아랫방에 있는데 사람들은 혼백이 상처했다고도 하고, 부부가 아홉 살 차이인데 한 해에 돌아가셨다고 천생연분이라고도 했다. 나는 막내 출산 두 달 앞두고 무척이나 힘들었다. 아랫동서가 일할 사람을 청해 와서 장례식 마칠 때까지 일은 수월했다. 같은 해에 부모님 세 분이 떠나가시니 인생의 무상함을 새삼 느꼈다.

막내아들 출산 그리고 이사

음력 11월 15일, 양력으로는 1972년 1월 1일 1시 10분에 막내아들을 출산했다. 친정어머니가 해산구완을 해 주셨는데, 아이도 건강하고 산모도 건강하다고 좋아하셨다. 넷째는 저절로 크는 것 같았다. 등에 업고 일하지 않아도 형과 누나가 예뻐하며 어찌나 잘 봐주는지 세발자전거 뒤에 태우고 마당에서 잘 데리고 놀았다.

두 해 더 논농사를 짓고 무리를 해서 논에 집을 지어 이사했다. 새집이라지만 헌 집을 뜯은 목재에다 군청에서 제공한 새마을 시범주택 설계도로 지은 집이었다. 안방이 작았지만 새집이라 좋았다. 양계를 규모 있게 하기 위해 계사를 크게 지었다. 여름 한더위에 이사를 하는데 닭이 더위에 죽을까 봐 밤에 옮겼다. 허허벌판 외딴집이라 사방이 논이고 멀리 함양에서 소문난 휴양지 상림이 보였다. 그쪽에서 불어오는 바람이 얼마나 시원한지 달걀 사러 온 사람들이 집이 시원하다고 쉬었다가 가기도 했다.

비록 일은 바쁘지만 가축이 크는 것도 식물이 자라는 것도 보람 있고 재미있다. 새집에 이사는 왔지만 아직 공사가 끝나지 않아 계속 작업을 하는데도 화장실에는 전기 연결을 하지 못했다. 세 살 막내가 화장실에 간다고 해서 남편이 따라가며 물었다.

"어두워서 무섭지?"

"안 무서워요."

"왜 안 무서워?"

"하나님이 지켜 주셔서요."

"그러면 전깃불 달지 않아도 되겠네?"

"어두우면 불편하니까 전기는 달아야 해요."

남편은 이 이야기를 전해 주며 어린 것이 무엇을 안다고 저렇게 말을 하느냐고 아주 못마땅한 말투로 교회하고 당신이 아이들을 다 버렸다고 했다. 나는 듣기만 하고 가만히 있었지만 속으로 너무 감사했다.

'하나님, 감사합니다. 어린아이를 통해 남편이 하나님에 대한 부담감을 갖게 하심을 감사합니다.'

*

생활 수기 입선

어느 날 KBS 라디오를 듣다가 생활 수기 모집 광고를 듣고 응모했는데 입선이 되었다. 상품으로 휴대용 라디오가 오고 KBS 라디오 농어촌 새벽 방송에 나의 글이 소개되었다. 나는 글쓰기를 좋아했지만 너무 바빠 몇 년 동안 책을 읽는 것도 글을 쓰는 것도 하지 못했는데 정말 기뻤다. 큰아들이 라디오를 들고 다니면서 무척 좋아하니 남편은 "그것 네 엄마 재산이다." 하면서 빈정거렸다.

다음 날 남편은 군청에 갔다 오더니 사무실 직원들이 내가 쓴 글을 새벽 방송에서 들었다고 인사를 하는데 창피해서 견딜 수가 없었다며 다음부터는 그런 짓 절대 하지 말라고 야단이었다. 나는 아무 대답도 하지 않았다. 단칸방에 살면서 고생하던 때를 생각하면 무슨 말인들 못 참으랴. 손찌검하는 것도 아니고 말로 빈정대거나 소리를 쳐도 가만히 있으니 싸움은 일어나지 않았다.

칠백 평 넓은 땅에 사과, 배, 호두, 모과, 단감, 포도, 자두, 매실 이렇게 갖가지 나무를 심고 사이마다 채소들을 가꾸었다. 그리고 닭 350마리, 돼지 30마리를 키웠다. 이 일을 하면서 출근하는 남편과 시동생을 뒷바라지했다.

눈코 뜰 사이가 없다는 말은 이럴 때 쓰는 말이라 생각한다. 학교 가는 아이들을 돌볼 시간이 없었다. 숙제와 준비물도 챙겨 주지 못했다. 그나마 육성회비와 국방성금은 잘 챙겨 주었다. 학교가 가까워서 도시락은 싸지 않아도 되었다.

남편은 아이들에게 너무 엄하게 대했다. 마당에 채송화꽃 하나만 따도 그 자리에 무릎 꿇고 머리에 손을 얹게 하며 벌을 주었다. 형이나 누나를 꿇어 앉히면 세 살 막내는 멀리 있다가도 달려와 형 곁에 꿇어 앉으며 "아빠! 자 자 자 잘못했습니다."하는 발음이 안 되는 아이 때문에 웃는 것을 제일 싫어하는 남편도 웃어 버렸다.

쏟아져 나오는 퇴비 때문에 또 많은 부채를 안고 과수원을 조성하면서 날마다 혼합 곡에다 채소 반찬 뿐이었다. 깨진 계란이 아이들 반찬이고 혹시 닭이 죽으면 아이들에게 최고의 영양 보충이었다.

얼마나 허리띠를 졸라매야 하는지 아이들 옷도 새것 하나 사서 입히지 못했다. 과수원 관리인 월급, 경운기 할부, 거처할 집과 창고에도 계속 투자를 해야 하니 생활비를 계속 아껴야 했다.

내 발이 얼어도 털신 하나 사 신지 못했다. 남편과 시동생이 입던 낡은 바지를 뜯어 반바지로 만들어 아들에게 입히고, 딸아이 스웨터가 탈색되면 뒤집어 만들어 입히며 절약하는데 이골이 났다. 큰아이가 초등학교 입학해서 봄 소풍을 갈 때 소풍 가방은 꼭 사 주고 싶었는데, 그마저도 남편이 못 사게 해서 사 주지 못했다.

요구르트

우리 교회 교인 중 한 분이 요구르트 대리점을 운영했다. 어느 날 찾아와서 요구르트를 먹으면 장이 좋아져서 소화도 잘되고 아이들 키도 쑥쑥 잘 큰다고 했다. 아이들에게 매일 먹이고 싶기도 하고 형편이 여의치 못한 교인의 부탁이라 거절할 수가 없었다.

혼자 결정할 수 없어서 남편에게 물으니 하루에 한 개만 받으라고 한다. 아이가 넷인데 어찌 그렇게 하냐고 물으니 큰아이부터 차례대로 월요일부터 먹으면 된다고 한다. 매일 하루 하나 배달되는 요구르트를 그렇게 정해 놓고 받아먹는데, 세 살 막내가 마루 끝에 놓인 요구르트를 사흘을 기다려 나흘 만에 먹는 것을 보면서 마음이 아주 아팠다.

남편의 말 한마디는 곧 우리 집 법이었다. 아무도 거역하지 않았다. 그래서 다투는 일도 없었다. 오랜 세월이 지나 내 생일에 큰아들이 콘도를 예약해 놓고 막내에게는 음료수를 준비하라고 했는지 막내가 마실 것을 사 가지고 왔는데 요구르트를 잔뜩 내놓으면서

"나 어릴 때 요구르트가 실컷 먹고 싶었는데!"

웃으며 하는 말이지만 마음이 아팠다.

*

이혼을 결심하다

남편은 본인이 말하는 대로 복종하니 점점 자유를 속박했다. 나중에는 아예 교회를 못 가게 했다. 어떤 일이든지 참고 견디고 이해하면서 순종했는데 교회에 다니지 말라는 말에는 따를 수 없어 이혼하자고 했다. 이혼하자는 말에 여자가 아주 악질이라면서

"아이가 넷이나 되는데 교회 못 가게 한다고 이혼을 하자니! 오냐. 그래. 이혼하자!"

남편의 말에 나는 당장이라도 이혼하고 싶었다. 황소보다 더 많이 일하면서 일주일에 주일 낮예배와 저녁예배만 드리고, 수요예배는 집안일과 가축들 때문에 빠질 때도 많은데 이것마저도 막으니 견딜 수 없었다.

나는 일곱 살 때부터 교회를 다녔고 결혼 말이 오가면서부터 예수 믿지 않으면 결혼하지 않는다고 말했었다. 중매하는 사람을 통해 예수 믿는다고 해서 교회에서 목사님 주례 아래 결혼식을 했는데, 결혼 후 시집살이하는 동안 교회에 발도 들이지 못했다.

살림이 조금 나아지고 아이들도 잘 자라고 남편의 성품이 까다로워도 예수님 때문에 말씀과 기도로 이기며 나아갔는데 교회를 못 가게 하니 이혼밖에 길이 없다고 생각했다.

당장이라도 이혼 수속을 하자고 했더니, 날이 너무 추우니 날씨가 풀리고 설을 지낸 후에 이혼하자기에 그날부터 자유롭게 새벽기도도 나갔다. 그러면서 집안일에는 더 충실히 했다.

남편이 조금도 불편하지 않도록 끼니 때마다 식사, 세숫물, 양칫물, 양말을 매일 챙기며 한 달이 지났다. 설이 지나 추위가 누그러진 어느 날 교회에 다녀오니 남편이 진중한 표정으로 한발 양보할 테니 이혼은 하지 말자고 했다.

나는 교회 다니는 것만 간섭하지 않으면 이혼할 이유가 없지 않느냐고 되물었다. 그러자 남편은 외딴집에 살면서 젊은 여자가 새벽이나 저녁에 혼자 다니는 것이 싫어서 못 가게 했던 것이라며 주일 낮 예배만 나가라고 했다. 내가 최근에 전도되어 교회를 다니기 시작했다면 남편의 제안을 받아들였을지도 모르겠지만 안 된다고 완강히 대답했다. 한참 침묵이 흐르고 그냥 일어서 나오려고 하는데 더 침착하고 유순한 말로

"잠깐만. 당신이 한 발자국만 양보해. 새벽기도 하고 수요일 저녁예배만 가지마. 온종일 일하고 당신도 좀 쉬어야 하기도 하고, 새벽이나 밤에 다니는 것이 싫어서 그래. 내가 당신을 얼마나 사랑하는데."

그 말에 나는 홀랑 마음이 녹아서 허락했다. 그리고 이혼하지 않는 것이 다행이라 생각했다. 그 후로 새벽기도와 수요일 저녁예배에는 참석하지 못했다.

수요일 저녁예배에 대표 기도를 맡으면 아이들에게 모기향 사러 다녀오겠다고 둘러대고 대표 기도만 하고 집으로 달려온 적도 있다. 수년을 그렇게 지내면서 새벽기도를 얼마나 갈망했는지 모른다.

믿음은 한발도 양보해서는 안 된다는 걸 알면서도 더 이상 우길 용기도 없고 싸울 힘도 없었다. 새벽기도가 가고 싶으면 주일 새벽에라도 가끔 큰아들과 발소리를 안 내려고 신발을 들고 대문 밖에 나와 신고 새벽기도를 다녀오기도 했다.

돼지똥

일요일이면 남편은 늦게 일어나 식사도 하지 않고 돼지똥을 치운다며 포크삽 가져와라 오삽 가져와라 주문이 많았다. 아이들은 주일학교를 마치고 오는데 나는 시간이 늦어 교회를 가지 못하기도 했다. 일하는 남편이 아침 식사도 하지 않았는데 교회에 가자니 마음이 불편했기 때문이다. 새벽기도를 못 가게 하더니 주일예배는 이런 방식으로 방해했다.

보통은 닭똥 치우기는 내가 하고 돼지똥은 남편이 치웠다. 돼지똥 치우기는 해 보지 않았지만 내가 하기로 결심하고 금요일부터 토요일까지 깨끗하게 치웠다. 짚과 똥이 범벅이 되어 허리가 휘청거리도록 힘들었지만 주일예배 드리러 갈 욕심으로 열심히 했다. 남편은 일요일에 할일이 없으니 아이들과 탁구 치며 놀기만 하면 된다.

교회 식사 당번이 있는 날이면 배고프다고 난리였다. 그래도 나는 주일에 예배드리고 온 것에 감사해서 "미안해요. 미안해요. 배고프지요." 하면서 서둘러 식사를 챙겼다.

남편이 도청에 출장 가면 나에게는 최고 좋은 날이다. 친하게 지내는 선배 집사님에게 전화해 쏜살같이 시장에 다녀와 목사님, 장로님, 권사님을 초대해서 식사를 대접했다. 목사님에게 밥 한 그릇 대접도 어려운 시절이라 이 일이 정말 신바람이 났다.

저녁에는 가정예배를 드렸는데 큰아이가 예배 순서지를 만들어 한 장씩 돌렸다.

인도: 이금자 집사
기도: 0 0 0

찬송과 성경은 몇 장으로 할 것인지 내게 물어온다. 아이들과 예배 드릴 때마다 은혜가 넘쳤다. 손잡고 기도하고 어깨에 손을 얹고 기도하면서 많이 울었다. 아빠가 없을 때만 가정예배를 드려야 하니 안타까운 노릇이었다.

이렇게 믿음 안에 아이들이 자라면서 크리스마스에는 교회에서 무용이나 찬양도 하였고, 학교 공부도 잘했다. 학기 말이나 학년 말에 통지표를 받아 달려오면서 "엄마~ 올수! 올백!" 하는 날에는 얼마나 기분이 좋은지 말할 수 없었다.

나는 일에 파묻혀 아이들을 잘 돌보지 못하고 "사랑해"라는 말 한마디 할 줄 몰랐다. 사랑받지 못하고 자란 탓인지 그저 먹을 것만 풍성히 해 주면 어미 노릇을 다 하는 줄 알고 있었다. 바쁜 중에 시간 나는 대로 빵도 만들어 주고 도넛, 꽈배기, 쌀강정도 만들어 주었다.

이렇게 건강하게 자라난 사 남매가 나에게 희망이고 보람이다. 일은 늘 쌓여 있고 남편한테 신경 쓰느라 항상 긴장 상태였지만 나는 잘 이겨냈다.

*

텔레비전

양계와 양돈에서 꽤 수익이 높았지만 과수원 사천 평에서 옆에 있는 밭을 사들여서 육천 평으로 확장했다. 끝이 보이지 않을 정도로 투자를 해야 하니 조금씩 지쳐갔다.

우리는 조금이라도 더 아끼려고 작은방을 세주었는데 세 든 부부 교사 집에는 텔레비전이 있었다. 텔레비전 소리가 나면 큰아이가 보고 싶은 마음에 조금 열린 문틈 사이로 기웃거리는데 안에서는 알았는지 몰랐는지 문을 닫아 버렸다.

시무룩해진 큰아이가 아빠한테 가서 어떻게 말을 했는지 남편이 다음 날 텔레비전을 들여놓았다. 집집마다 거의 전화를 놓았을 때도 우리는 늦게서야 전화를 설치해 많이 불편했다.

✻

셋째의 봄소풍

초등학교에 입학한 셋째가 첫 봄소풍 가는 날이다. 여덟 살에 입학한 셋째는 생일도 5월이라 공부도 잘하고 어른스러웠다. 1학년 봄소풍은 첫째 둘째 두 아이 다 따라갔었다. 셋째 봄소풍도 함께 가기 위해 이것저것 준비하면서 늘 흰 고무신만 신고 다니다가 비닐 제품으로 된 구두를 한 켤레 샀다.

친척 형님에게 집을 부탁해 놓고 나갈 채비를 하고 있는데 남편이 소풍을 가지 말라고 했다. 내가 신발도 하나 사고 돈을 많이 썼다고 생각을 했는지 화가 잔뜩 나서 못 가게 했다. 옥신각신 말다툼하는 소리를 듣고 딸아이가 와서 말했다.

"엄마 안 따라와도 돼. 선생님이 엄마들 못 오게 했어."

남편은 이때다 싶어 학교에서는 학부모 못 오게 했는데 갈려고 한다며 난리를 쳐 결국 아이 혼자 보냈다.

소풍을 다녀온 셋째에게 정말 다른 엄마들이 안 왔는지 물어보니 할머니와 사는 아이랑 자기 두 사람만 안 오고 다 왔다고 한다. 선생님이나 다른 엄마들 보기에 부끄러웠다고 말하는 딸한테 정말 미안했다. 남편과 싸움을 하더라도 갔어야 했는데 너무 후회되었다. 작은 일이나 큰일이나 내 주관대로 하는 일은 한 가지도 없었다.

*

시동생 결혼

함께 있던 시동생이 결혼하게 됐다. 패물은 거창 시동생이, 혼수와 방 얻는 것은 윗동서가 맡고, 우리 집에서는 잔치를 준비하기로 했다. 신부 화장품도 혼수에 넣어야 하고 신혼여행 비용도 줘야 하고 결혼사진 비용도 있어야 하는데 염려가 되어 부산 윗동서에게 전화했다.

돈이 더 필요하다고 했더니 더는 부담할 돈이 없다고 한다. 그러면 돌아가신 어머님의 금비녀라도 팔아서 쓰자고 의논하고 형님에게 금비녀를 받았다. 말이야 잔치지 절약을 신조처럼 삼고 살았기에 쓸 만한 그릇 하나가 없었다. 잔치에 필요한 그릇들을 사야 하는데 남편하고는 대화가 되지 않으니 걱정이 이만저만이 아니었다.

윗동서는 잔치 전전날 와서 열심히 함께 준비했다. 결혼식은 교회에서 하고 잔치는 집에서 했다. 키우던 돼지도 한 마리 잡았다. 교인들, 이웃 사람들, 군청 직원, 신부를 따라온 손님도 대접하려니 무척 힘이 들었다. 결혼식이 끝나고 축의금으로 큰 비용을 다 충당하게 되어 금비녀는 팔지 않았다. 남편은 동생이 집을 살 때 금비녀를 두었다가 보태자고 했지만, 그 후 금비녀를 염두에 둔 적이 없다.

막내 동서가 새살림을 차리는데 내가 시어머니처럼 신경을 써야 했다. 연탄 50장, 쌀 10되, 찬장, 솥, 냄비, 대야 이렇게 사 주려고 갔는데 동서가 사고 싶은 것을 척척 고르니 안 된다고 할 수 없었다.

그렇게 동서 살림을 차려 주고 시간이 흘러 동서가 우리 집 작은방에서 첫아들을 출산했다. 산파가 와서 아기를 받았지만 하루 종일 산고에 신음하는 동서를 보는 애처로움은 말할 수 없다. 이때도 우린 혼합곡을 먹고 있었기에 흰 쌀을 두 되 사서 따로 밥을 지어 산모를 돌보았다. 우리 아이들은 사촌 동생이 태어나니 얼마나 예뻐하는지 숙모가 귀찮아할 것 같아 못 가게 해도 자꾸 들락거렸다.

막내 동서는 예수님도 잘 믿는 사람이라 언니가 중매했다. 그래서 더 안쓰럽고 친동생처럼 잘해 주었다. 막내 시동생이 입대하기 전 3년, 제대 후 3년 동안 한집에 살면서 임시 직원 월급을 받아 다 적금에 넣고 나는 알뜰하게 모아 주었다. 결혼 후 3년이 못 되어 좋은 집을 사서 이사를 했다. 시동생은 정식 공무원이 되고, 그 이듬해 동서는 둘째를 낳았다.

밤나무 산

가을이면 나는 더 바빠졌다. 큰집에서 '곰실'이라는 동네 뒷산에 밤나무 산을 사서 우리에게 관리하라고 맡겼다. 소득을 얻기 위함이 아니라 투자가치가 있을까 싶어 형제가 의논해서 사 놓은 것이라 생각된다. 나는 그 밤나무 산이 유난히 신경 쓰였다.

어느 늦가을 토요일 오후 남편이 어린 아들 둘을 오토바이에 태워 밤을 따러 갔다. 가을에는 금방 어두워지는데 밤나무 산이 멀기도 하고 길이 험해서 걱정이었다. 소리가 나서 얼른 내다보니 남편이 밤 두 자루를 오토바이에서 내려놓으며 아이들은 걸어온다고 한다. 이렇게 어두운데 아이들을 태우고 와야 하지 않냐며 되물었다.

"밤 자루가 걸음을 걷나?! 한 발자국이라도 아이들이 걷지."

말은 그렇게 해도 걱정스러웠는지 이내 돌아서서 아이들을 데리러 갔다. 한참 후에 아이들이 도착했다. 얼마나 무서웠을지 안쓰러웠다.

"많이 무서웠지?"

"아니요!"

"이렇게 캄캄한데 왜 안 무서워?"

"하나님이 지켜 주시니 안 무섭지요."

날마다 예수님과 함께 걸으면
비 오고 바람 부는 궂은 날에도
캄캄한 밤중에도 무섭지 않아
언제나 예수님이 함께하시네

이렇게 찬양하며 걸어온 아이들에게 위로를 받으며 속속들이 하나님께 감사를 드리며 살아갔다.

금비녀와 회개

분주한 일상은 계속 되었고 한 해가 저물어 크리스마스가 내일인데 하나님 앞에 부끄러웠다. 목사님께서 성탄은 교회 안에서만 기쁨이 아니라고 말씀하셨다. 예수님이 이 땅에 오신 목적은 인류 구원과 이웃사랑의 실천이며 화해의 날이라고 말씀하시는데 회개의 눈물이 비 오듯 흘렀다.

지난 여름, 전화벨 소리에 일하다가 달려와 받으니 부산 형님이었다. 격한 목소리로 쏘아붙이며 말했다.

"자네 그런 사람이었나? 금비녀가 탐나면 탐이 난다고 말하지. 시동생 결혼 비용에 쓴다고 해 놓고 네가 가져? 그리 야비한 줄 몰랐네."

얼마나 공격을 하는지 나는 가만히 듣다가 아무말 못했는데 형님이 전화를 끊어버렸다. 잠시 생각하니 너무 생각 밖의 일이라 기가 막혔다. 다시 전화를 걸어 나도 내 할 말을 다 토해냈다.

"형님! 사람 잘못 봤어요. 저는 금비녀도 돈도 탐낼 사람 아니에요!"

고함치는 목소리로 내 할 말만 하고 수화기를 놓았다. 계속 전화벨이 울렸지만 받지 않았다. 이 일이 있고 나서 마음이 편치 못했다. 크리스마스 설교를 듣고 얼마나 회개했는지 모른다. 내가 참아야 했는데….

형님에게 잘못했다고 편지를 써 보냈더니 눈이 소복이 쌓인 날 형님이 어린 딸을 데리고 오셨다. 하룻밤 같이 지내면서 다정스레 화해하고 다음 날 갈 때 금비녀를 드렸다.

*

사과 따는 계절의 전경

가을 사과 따는 시기는 10월 말에서 11월 말이다. 그 한 달간 나는 과수원에서 살았다. 이맘때가 되면 친정어머니가 집을 봐주러 오셨다. 아들 며느리가 부부 교사라 어린 손녀를 데리고 와서 살림을 해 주셔야 하니 여간 고생이 아니었다.

사과 따는 인부가 서른 명이 넘었다. 그 많은 인부들 점심을 해 주려고 밤늦도록 채소를 다듬어 준비했다. 남편은 퇴근하고 집에 잠깐 들렀다가 과수원으로 와서 일하고 거기서 자고 아침에 출근했다. 이러한 생활을 한 달간 반복해야 했다.

그해 사과 수확이 끝나고 집으로 오니 어머니는 어린 손녀와 우리 아이들 치다꺼리에 지치셨는지 집으로 가시려고 서둘렀다.

사과 몇 상자를 싣고 어린 조카 둘과 어머니와 나는 대구행 버스를 탔다. 한참을 같이 앉아 가는데 어머니가 한말씀하셨다.

"네 딸들을 그렇게 키우지 마라. 아주 못 쓰겠더라. 내가 너 키울 때 모질게 해서 딸들을 그렇게 키우느냐?"

너무 어이가 없었지만 우리 딸들이 무엇을 잘못했는지 여쭤보았다. 남편이 없는 동안 딸 둘이 텔레비전이 있는 남편 방에서 거처했는데 방문을 잠그고 학교를 갔다고 한다. 손녀들이 텔레비전을 봐야 잠시라도 놀고 어머니도 보던 연속극이 있어서 야단을 치면서 왜 잠그고 갔느냐고 물으니 방을 치우지 않아 할머니께 미안스러워 그렇게 했다고 대답하더라는 것이다. 어머니 말을 들으니 어머니에게 미안하기 짝이 없는데, 어머니는 친손녀들이 넓은 아파트에서 편안히 지낼 수 있는데 시골에 할머니 따라와서 고생했다고 안쓰러워 하셨다. 딸아이들이 평소에 청소도 잘하고 말도 잘 듣는데 왜 그랬을까 생각하면서 어머니에게 반복해서 미안하다고 딸들을 대신해서 빌었다. 버스에서 내려 택시를 타려니 짐이 많아 택시마다 거부했다. 어쩔 수 없이 택시비를 갑절로 주고 아파트에 도착해 짐을 내리고 뒤돌아서 집으로 돌아왔다.

딸 둘에게 왜 방문을 잠가서 할머니를 화나게 했느냐 물으니 두 딸은 묻는 말에 대답도 못하고 서럽게 울었다. 한참을 울고 나더니 아빠 방 책장 유리가 금이 갔다고 아빠가 방문을 잠그고 학교를 가라고 했다는 것이다. 그런데 할머니가 얼마나 호통을 치는지 아빠가 시켰다고 말하면 아빠를 좋게 보지 않을까 봐 그렇게 대답을 했다고 한다. 이렇게 저렇게 어머니한테 빌고 딸들에게도 미안하다고 하며 달랬다. 아이들은 아이들대로 할 말이 많았다.

그 후 해마다 외할머니가 오시지만 딸아이들은 긴장하고 따르지 않았다. 어머니는 아들들만 좋아하셨다. 옛날 분이라서 그렇기도 하지만 어머니의 친정 남동생 두 집에 딸이 여섯 명이고 어머니도 친손자가 없으니 그런가 생각도 해본다.

사과 수확으로 한창 바쁠 무렵이면 아이들 가을 운동회가 다가왔다. 아이들은 운동회에서 입을 옷을 비누칠해 빨고 연탄불에 얹어 삶았다. 할머니한테 해 달라고 하거나 나한테 이야기해도 되지 않느냐고 물었더니 연세 드신 분한테 말하자니 미안하고 엄마는 바쁘니 내가 하는 게 맞다고 하는데, 미안하면서도 참으로 기특했다.

아이들은 밭에 여러 과일이 무르익어도, 사과 한 차를 마당에 실어

다 놓아도 덥석 집어 들지 않고 먼저 물어본다.

"엄마, 어느 것을 먹을까요?"

언제나 상처 난 것, 상품 가치가 없는 것만 골라서 먹었다.

토요일 학생예배에 저녁밥이 늦으면 굶고 가면서도 불평하지 않았다. 어느 때는 장마에 태풍이 와서 옆집 밭의 아주 큰 아카시아 나무가 넘어지면서 우리 사과나무를 덮쳐 사과나무 몇 그루가 넘어졌다. 큰딸하고 막내가 불볕 아래서 하루 종일 아카시아 나무를 제거했다.

땀이 비 오듯 줄줄 흐르는데 딸이 하는 말

"열 번 찍어도 안 넘어가는 나무가 있어."

이 말이 얼마나 우스운지. 더운데도 우리는 웃으면서 해가 저물도록 그 일을 다 해냈다.

인정이 넘치는 엄마

어느 해 초가을 어머니가 어린 손녀를 업고 팔십이 넘은 노인 세 분을 모시고 오셨다. 깜짝 놀랐다. 집안 친척 할머니인데 여행을 한 번도 해보신 적이 없어 남원 광한루 구경 시켜 드린다고 모신 것이다.

어머니도 나이가 육십이 넘어 어르신인데 아이를 업고 어쩔 셈인지 이해할 수가 없었다. 그래도 우리 집에 오신 손님인데 대접을 잘 해드려야지 하는 마음으로 닭을 잡아 찜을 해 드리니 정말 맛있게 드셨다.

다음 날 남편은 출근하면서 주변 이웃에게 집을 맡기고 남원을 안내하라고 한다. 집을 맡길 사람도 없을뿐더러 하루 집을 비우면 불어나는 태산 같은 일들을 감당할 수가 없다. 어머니가 어린 손녀를 업고 상노인 세 분을 모시고 나서는데 너무 마음이 상했다. 왜 저렇게까지 고생을 하시는지 이해할 수 없었다.

남원행 직행버스를 타고 가는데 노인 한 분이 설사를 못 참겠다고 해서 기사에게 사정해서 버스를 세우고 그 치다꺼리를 했다니 고생을 오죽했으랴. 무사히 여행을 마치고 돌아와 하룻밤을 더 지내고 떠나셨다. 먼 곳 김천으로. 그 후 오랫동안 마음이 편치 않았다.

*

냉장고

이제 세상이 발전하면서 집집마다 냉장고가 있고 가공식품도 많아져 모두들 편리하게 살아간다. 여름방학이 되어 친정어머니가 오셨는데

"너희 집에는 왜 냉장고가 없니? 여름에 땀 흘리고 시원한 물도 마시고, 반찬도 보관하면 엄청 편리하고 좋은데!"

냉장고 없이 산다고 나무라셨다. 지하수도 시원하고 밭에서 금방 따와서 먹을 수 있는 싱싱한 채소가 많아서 냉장고의 필요성을 느끼지 못하고 그냥 지냈다.

어느 날 친정 친척 조카가 투게더 아이스크림을 사 왔는데 냉장고가 없어서 입장이 난처했다. 한꺼번에 다 먹어 치울 수도 없고 늦게 오는 아이도 있으니 말이다. 아빠도 퇴근하면 같이 먹어야 한다고 딸아이들이 어쩔 줄 몰라 하다가 지하실에 갖다 놨는데 나중에 먹으려고 하니 다 녹아 버렸다. 그 아까운 것을 다 먹지 못해 속이 상했다.

냉장고를 사야겠다고 마음먹고 남편에게 의논하니 어림도 없다. 아직 형편이 안 된다고 한 마디로 잘라 버렸다. 그러면서도 남편은 결혼한 막내 시동생이 집을 사서 이사하자 자기가 타고 다니던 오토바이를 동생에게 주고 자기는 신형 오토바이를 샀다. 돼지 새끼도 한 마리 선물로 주었다.

내가 사고 싶은 냉장고는 사주지 않으면서 자기가 하고 싶고 갖고 싶은 것은 마음대로 하는 남편이 얼마나 야속한지 모른다.

이듬해 여름방학이 다가오는데 또 걱정이었다. 친정어머니가 오셔서 냉장고 안 샀다고 뭐라 하실 터인데 걱정이 이만저만이 아니었다. 또 냉장고 사자고 제안했더니 다음에 사자고 해서 너무 화가 났다.

"나도 사람인데 나 하고 싶은 것 좀 해 봅시다. 시원한 물 좀 마시면서 일합시다!"

소리를 질렀더니 그제서야 냉장고 사라는 허락을 받았다. 가끔은 남편에게 내 의사를 확실하게 표현하는 것이 수월하게 사는 방법이기도 하다.

냉장고를 사놓고 며칠 지나서 어머니가 오셨는데 굉장히 좋아하셨다. 냉장고 없을 때는 몰랐는데 정말 편리하고 좋다. 그런데 남편은 여름이 다 가기 전 8월 말경에 냉장고를 그만 끄라고 했다. 전기세가 많이 나온다고 아주 더운 한 달만 사용하라는 남편의 명령에 따라 몇 해를 그렇게 살았다. 그런 일로 다투며 살 수가 없기 때문이다.

가을걷이가 끝나기가 바쁘게 사과도 다 팔았다. 맛이 좋고 상품 가치가 있다고 상인들이 경쟁하듯 사 갔다. 여전히 할 일은 많았다. 겨우내 탱자나무 울타리 가지치기며, 사과 상자 짜기며, 내년 농사를 위해 사과나무에 거름주기며 할 일이 태산이었다.

*

화상 수술

큰딸이 중학교 겨울 방학을 이용해서 아기 때 입은 화상 흉터를 수술하기 위해 서울 세브란스 병원에 입원했다. 진주 병원에서 소견서를 받아 마산 의료보험공단을 찾아가니 시간이 늦어 이동하기가 애매했다.

오래전에 함양에서 이사 간 친하게 지내던 사모님 댁에서 하룻밤을 머물렀다. 가포 바닷가도 구경하며 대접을 잘 받고 야간 기차로 와서 입원했다. 딸의 흉터는 수술해도 지금보다 더 안 좋을 수도 있다고 해서 손가락 사이가 오리발처럼 붙은 것만 수술했다.

허벅지 살을 떼서 이식하는데 너무 아파하는 딸을 보면서 나도 견딜 수 없었다. 수술이 잘못되는 것은 아닌지 딸의 고통을 보면서 내가 잘 보살피지 못한 것을 후회하면서 기도했다.

어느 날 저녁, 병실 앞에서 전도하는 청년들이 찬양을 불렀다.

너 근심 걱정 말아라 주 너를 지키리
주 날개 밑에 거하라 주 너를 지키리
주 너를 지키리 아무 때나 어디서나
주 너를 지키리 늘 지켜 주시리
_찬송가 382장

찬송을 들으며 딸도 울고 나도 울었다. 우리는 오직 주님이 지켜주심을 믿고 20일 후에 집으로 돌아왔다. 만족한 수술은 아니지만 손가락을 쫙 펼 수 있어서 피아노 치는 데는 불편하지 않았다. 그러나 팔 흉터 때문에 여름이면 반소매 옷을 입지 못해 많이 힘들어했다.

과수 단지

과수원에서 사과 수확이 증가하면서 부채도 거의 다 갚게 되었다. 남편은 사과 농사가 논농사에 비해 훨씬 수익이 높다고 마을 사람들에게 사과 심기를 권장했다.

남편은 직장에서 퇴근하면 오토바이를 타고 과수원으로 달려가 마을 사람들에게 사과 농사에 대한 정보와 지식을 알려 주면서 사과 농사의 개척자가 되었다. 형편이 어려운 사람에게는 경운기를 빌려 주기도 하고 마을 사람들과 자주 어울렸다. 장날이 되면 과수원 동네 사람들이 닭 구경, 돼지 구경을 한다고 찾아왔다. 차 한잔이라도 대접을 해야 하니 나는 점점 더 바빠졌다.

사과 농사가 논농사보다 몇 배는 수입이 좋다는 소문에 이웃 동네까지 앞다투어 사과 나무를 심으면서 과수 농가가 늘어났다. 우리가 처음 과수원을 조성할 때만 해도 서로 일을 시켜 달라고 해서 입장이 곤란했었는데, 사과 과수 단지가 형성되면서 오히려 인부 구하기가 점점 힘들어졌다.

게다가 과수원을 시작했던 몇 년 동안에는 사과 판매를 걱정한 적이 없었다. 상인들이 찾아와 저장된 사과를 전부 사 갔기 때문이다. 그런데 점차 아랫동네와 윗동네에 과수원이 늘어나면서 경쟁이 치열해져 사과 파는 것도 문제가 되었다. 마산이나 진주, 광주 등 다른 도시 지역으로 팔러 나가야만 하니 보통 일이 아니었다. 농사만 잘 지어 놓으면 판로는 걱정하지 않아도 되는 환경이 되기를 바랐다.

기도 받으러 나오라기에 나는 급히 방으로 뛰어가 누워 있는 남편을 일으켜 세웠다. 여기서부터가 기적이다. 어떻게 혼자 남편을 데리고 오르막을 올라 왔는지 모르겠다. 강사 목사님과 여러 목사님들의 안수기도를 받고 숙소에 내려올 때는 부축은 해도 그리 힘들지 않았다. 이렇게 해서 9주간 기도원에 다니면서 믿음의 확신을 세워 갔다.

PART 4

타협 없는 신앙

금식 • 남편의 병 • 공무원 퇴임 • 관광버스 안에서 • 한복 • 군대에서 다친 큰아들 • 집을 고치다 • 큰아들 결혼 • 큰딸 결혼 • 사과 따러 온 며느리 • 막내아들 첫 직장 • 남편과 기도원 • 친정어머니가 돌아가시다 • 과수원을 임대하다 • 친손녀와 친손자 • 대구가 왜 이렇게 더워요? • 투자 • 작은딸 결혼

*

금식

남편은 공무원 일도 바쁜데 과수원까지 돌봐야 하니 힘들었는지 몸이 자꾸 아프다고 하고 저녁이면 지치고 힘들어했다.

"팔 좀 주물러 줘. 다리 좀 주물러 줘."

하루 종일 일에 지친 나에게 계속 주무르라 한다. 일이 많아서인지 봄이라 춘곤증인지, 탕약도 달이고 보신탕도 끓였다. 영양제도 이것저것 챙겨 보고 병원 치료도 받았는데 조금도 효력이 없었다.

주일 저녁예배를 다녀와서 얼른 약을 짜서 가지고 들어가니 약그릇을 받아 창문으로 던진다. 유리창이 와장창 깨지면서 약그릇은 마당으로 나가 깨지고 방바닥에는 유리 조각이 즐비했다. 와장창 소리에 큰아들이 문을 열었다.

나는 괜찮다고 하며 얼른 문을 닫고 흩어진 유리 조각과 깨진 약그릇을 치우는데 울화가 가슴으로 하나 가득 치밀어 올랐다. 견딜 수 없는 마음을 억지로 가다듬으면서 절규했다.

"아버지 주님 언제까지입니까?"

속으로 부르짖으면서 아이들 자는 방에 들어와 자리에 누웠다. 이튿날 오후에 큰아들이 엄마 생일 선물이라며 책 한 권을 주었다. 나는 그날이 내 생일인지도 몰랐다. 뜯어보니 최자실 목사가 쓴 〈나는 할렐루야 아줌마였다〉이다.

어린 아들이 엄마 생일을 기억하고 선물하는 것이 어찌나 기특하고 고마운지. 게다가 이렇게 좋은 책을 어제 저녁 무참한 일을 당한 뒤에 읽으니 얼마나 위로가 되는지 모른다.

많은 일들을 제쳐놓고 책을 하루 만에 다 읽었다. 책을 읽으며 하나님께 회개하기 시작했다. 최자실 목사님은 이웃이 어려운 일을 겪거나 성도들의 가정에 문제가 생기면 3일씩 5일씩 금식하면서 기도하셨다고 한다. 그 책을 다 읽도록 회개했다.

나는 남편이 교회 출석하도록 마음을 변화시켜 달라고 기도했었다. 내 견디기 어려운 현실만을 위해 기도했던 것이다. 남편 영혼 구원에 대해서는 간절히 기도하지 않았다. 책을 다 읽고 그다음 날부터 3일 금식 기도를 작정했다. 난생처음이었다. 식사 때마다 가족들 위해 밥을 하면서도 먹고 싶지 않았다. 처음 금식했지만 금식 기도는 상대방의 변화가 아니라 내가 변화되는 것임을 깨달았다.

남편의 병

남편의 짙어오는 병 때문에 여간 걱정이 아니다. 진주 병원에 가니 허리 디스크라고 해서 그에 따른 치료를 받아도 소용이 없었다. 남편 나이 마흔일곱이다. 큰아들은 고등학교 2학년이고, 큰딸은 중학교 2학년, 작은딸 초등학교 6학년, 막내는 초등학교 4학년 이렇게 아직 아이들은 어리고 일은 태산 같아 걱정이 컸다.

삼천포에 유명한 의원이 있다는 소문에 찾아가니 일주일을 다니라고 하는데 2주를 다녀도 효험이 없었고, 휴가를 내가면서 여러 병원을 찾아다녔지만 소용이 없었다. 부산에 아주 유명한 침술원이 있다고 군청 직원의 소개를 받아 일주일 동안 직장에 병가를 내놓고 다녀오겠다고 한다. 들것에 실려 들어오는 사람도 일주일만 침을 맞으면 완치가 된다며 부산으로 떠났다.

3주가 지나도 돌아오지 않으니 직장에서는 병가 날짜가 넘었다고 자꾸 연락이 왔다. 진단서를 제출해야 처리할 수 있다고 독촉했다. 남편에게 전화하니 사표 낸다고 걱정하지 말라고 한다. 한 달 가까이 남편이 치료 받으며 고생하는데 아내가 한 번도 가 보지 않아 미안한 생각이 들었다.

그러던 중 부산대학병원에 MRI라는 정밀 검사 기계가 들어왔다는 텔레비전 방송을 보았다. 모든 병명을 알 수가 있고 병명만 정확하게 알면 치료를 받을 수 있다는 것이다. 진단서 발부도 받고 남편의 정밀 검사도 받기위해 웬만하면 남에게 맡기지 않았던 집까지 부탁하고 부산으로 갔다.

공무원 생활 21년 하면서 2년만 더 버티면 오십인데 명예퇴직하면 연금도 더 받을 수 있으니 사표 제출은 유보하는 게 좋겠다는 군청 직원의 말을 들었다. 마침 동서가 부산에 볼일도 있고 시숙 아픈데 문병 간다고 해서 함께 갔다.

여관을 찾아 들어가니 그런 사람이 없다고 한다. 혹시 여관을 잘못 찾아온 것이 아닌가 하고 밖으로 나와서 여관 간판을 확인했다. 분명 이 여관이 맞았다. 그때 직원이 "어떤 할아버지 한 분 계시는데요." 라고 하는 것이다. 혹시나 하는 마음에 확인해 보기로 했다. 조금 열린 문 사이로 보니 남편이다. 한 달 전 집에서 떠날 때보다 얼마나 폭삭 늙었는지 여관 청소하는 아주머니 말대로 할아버지다.

밤새도록 비가 주룩주룩 내렸다. 병원 진료를 받기 위해 접수하는데 남편은 손을 벌벌 떨면서 글도 못 썼다. 하는 수 없이 내가 대신 적고 검사를 받는데 정밀 검사 기계는 다음 달에 들어온다고 해서 X-ray만 찍었다. 결과는 다음 주에 나오니 결과를 보고 진단서를 준다는 것이 아닌가. 사정을 이야기하고 간곡히 부탁했다. 의사가 마지못해 일주일 진단서를 주었다. 다음 날 남편이 산청 군청에 가서 진단서를 제출하고 일주일마다 부산대학병원을 다니며 치료를 받았다. 그런데도 아무런 차도가 없었다.

우리나라에서 제일 좋은 병원은 서울대학병원이라고 하면서 잘 아는 분이 추천해 주었다. 누구라도 좋은 병원이 있다고 하면 가고 싶은 것이 환자나 가족의 마음이다. 서울대학병원에 가서 진찰을 받으니 목 디스크라고 한다. 한 달간 치료를 받으면 나을 것이라는 말에 희망을 가졌다. 그런데 입원실이 없다고 통원 치료를 하란다. 병원 근처 여관을 얻어 한 달 동안 치료를 받았는데, 여전히 진전이 없어 한 달 먹을 약과 물리치료기구를 사 가지고 집으로 돌아왔다.

공무원 퇴임

서울대학병원 치료를 하는 동안 남편은 공무원 생활 23년, 나이 오십에 명예퇴직을 했다. 본인이 직접 가지 못하고 내가 대신 퇴임식에 참석했다. 감사패도 받고 대통령 하사품 시계도 받았다. 남편은 꾸준히 목 디스크를 치료했지만, 점점 병이 짙어 갔다. 좋다고 하는 민간요법도 수십 가지 안 해 본 것이 없다.

퇴직 후 며칠이 지나 산청 시동생이 돈을 빌리러 왔다. 삼백만 원을 빌려 달라고 한다. 한 마리에 오십만 원인 소를 여섯 마리 샀다며 여섯 마리 값을 전부 빌려 달라는 것이다. 나는 어이가 없는데 남편이 빌려주라고 한다. 생명줄 같은 퇴직금 천칠백만 원, 몸이 아파 퇴직하며 받은 돈이라 더욱 빌려주고 싶지 않았다. 그러나 남편의 뜻에 따라 농협에 돈을 찾으러 갔더니 아직 퇴직금이 들어오지 않아 시동생은 그냥 돌아갔다.

그다음 함양 장날에 소 판 사람을 데리고 돈을 받으러 왔다. 남편은 동생에게 돈을 빌려주면서 은행 이자는 줘야 한다고 부탁하니 시동생은 철석같이 대답했다.

"예. 드려야지요."

그렇게 빌려간 돈으로 처음 몇 년은 소를 키우다가 실패해서 어렵다는 소문을 들었다. 차마 돈을 갚으라고 말하지 못했다. 그저 피땀 흘려 과수원 농사로 열심히 벌었다.

고등학교부터 외지에서 공부하는 사 남매 뒷바라지와 병든 남편 병원비를 혼자서 감당하느라 정말 힘들었다. 경주에 목 디스크로 유명한 의원을 찾아 세 번을 다녀도 효과가 없었다.

"아빠. 예수님 믿으면 아빠 병 나을 거예요."

"너희들이나 잘 믿어라. 나는 병원 가서 고칠 것이다."

큰 딸아이가 아빠 손을 잡고 눈물을 뚝뚝 흘리며 애원해도 한마디로 잘라 버린다. 더 이상 어떻게 해 볼 도리가 없었다. 온 몸이 붓고 동작은 점점 우둔해졌다.

사과를 따서 저장해 놓고 환자를 데리고 대구 친정으로 갔다. 일단 입원을 해서 어떤 치료든지 받아야 할 것 같아서이다. 다음 날 동생 친구 병원으로 갔다. 신경 정신과 의사는 한 시간 동안 상담한 후에 파킨슨병 같다고 한다. 그 병은 쉽게 치료되는 병이 아니고 자신의 전문분야가 아니라고 하면서 다른 병원을 소개해 줬다. 다른 병원에서도 같은 말을 한다.

일주일 후 병원에 다시 가서 파킨슨병 확진을 받았다. 동산병원 뇌신경과 전문의에게 진료를 받고 한 달간 입원 치료를 받았다. 친정으로 퇴원해서 물리 치료를 받는 동안 처음 어머니를 따라 교회에 나가기 시작했고 처가의 모든 식구들이 정성을 다해 섬기니 남편은 매주 교회에 따라 나섰다.

집에 돌아와서도 계속 교회에 출석했다. 약을 먹으니 상태가 많이 좋아졌다. 느리지만 천천히 걸을 수도 있고 밥도 떠먹을 수 있었다. 나는 택시로 남편을 과수원에 모시고 다니면서 일을 했다. 이발, 목욕, 세수, 양치질까지 도와야 하고 화장실도 따라다녀야 했다. 재래식 화장실이라 혼자서 몸을 가눌 수가 없어서 더욱 그러했다.

그러나 아무리 힘들어도 이제는 이겨낼 용기가 넉넉하다. 믿음의 자유가 생겼기 때문이다. 새벽예배에 참석하여 날마다 새 힘을 공급받을 수 있어서 너무 감사했다.

큰아들은 연세대학교에 입학하고, 큰딸과 작은딸은 진주 여고를 다니면서 집으로 오는 날이면 큰딸이 "엄마 오늘은 좀 쉬세요." 하며 나를 다른 방으로 보내고 아빠 팔다리를 주물러 드린다. 문 여는 소리에 눈을 뜨니 딸이 들어오는데 시계를 보니 새벽 2시다. 아빠가 그만하라고 할 때까지 주무르고 들어온다. 부모를 섬기는 딸의 마음을 헤아리며 더욱 힘을 얻는다.

힘들고 고달픈 현실이라도 믿음의 자유를 얻으니 모든 것이 감사하다. 참고 견딜 수 있도록 새 힘을 주시는 하나님을 느낀다. 틈틈이 교회에서 해야 할 일을 감당하며 남편에게도 정성을 다해 간호했다. 지난 젊은 시절의 일들이 생각나지만 지금까지 함께하는 것도 다 하나님께서 짝지어 주신 뜻이 있지 않겠는가. 그것을 내가 감히 어떻게 나누랴.

그 둘이 한 몸이 될지니라 이러한즉 이제 둘이 아니요 한 몸이니 그러므로 하나님이 짝지어 주신 것을 사람이 나누지 못할지니라 하시더라
_마가복음 10장 8~9절

관광버스 안에서

그즈음 교회의 많은 행사에 참여하게 되었는데, 어느 날 전교인 관광을 간다고 한다. 무척 가고 싶어서 걸음도 제대로 못 걷는 남편을 데리고 관광버스에 올라가니 먼저 온 사람들이 죽 앉아 있었다.

좌석 칸칸이 한 사람씩 앉아 있었다. 나는 환자와 함께 앉아야 하는데 아무도 양보를 하지 않아 마음이 상했다. 환자가 불편하다고 가고 싶지 않다고 하는데 몇 년 동안 나들이 한 번을 못해서 그래도 교회에서 가는 것이라 큰마음 먹고 나섰던 것이다. 사랑을 전하는 성도들이 환자에게 좌석 하나 양보하지 않아 되돌아올까도 생각했다.

친척 형님 집사님이 칸칸이 앉은 이에게 양해를 구해 겨우 뒷좌석에 자리 잡았다. 배려 없는 모습에 너무나도 마음이 상하였다. 그러고는 하나님께 부끄러웠다. 우리가 그리스도인인가, 나는 그리스도인인가 스스로 물으며 다시 한번 생각해 보았다.

내가 마흔 다섯에 권사 임직을 받고 사명을 잘 감당하지 못해 늘 하나님 앞에 죄송스럽다. 구역장도 여전도회 회장도 임명을 받아 틈틈이 쫒아다녔지만 아무것도 앞장서서 하지 못했다.

한복

큰딸이 고등학교 졸업식 날 한복을 입어야 한다기에 수년 전에 내가 입었던 분홍색 한복을 꺼내 주었다. 졸업식 날 가서 보니 졸업생들 한복 차림이 화려하다. 올해 유행하는 최고의 옷감으로 만든 한복을 입고 있는데 모두가 새 신부 같았다. 딸의 옷을 보니 내가 너무 부끄러워 딸 앞에 나설 수가 없어 숨어버렸다. 졸업식을 마치고 모두들 한복 차림으로 사진을 찍는데 딸은 얼른 교복으로 갈아입고 나온다.

"한복을 못해줘서 미안해."

"어때서? 괜찮아! 난 괜찮은데 엄마가 왜 그래."

웃으며 말한다. 이렇게 마음이 넉넉한 딸이 또 어디 있을까. 참으로 내 딸이 자랑스럽다. 큰딸이 서울 성신여대를 가고, 두 해 뒤 작은딸이 연세대에 입학했다. 하나님의 은혜에 그저 감사할 뿐인데, 두 딸은 아쉬움이 많았다. 두 딸이 고등학교 3학년 때 맹장 수술을 받았는데 마침 기말고사 시험을 앞두고 입원을 하여 내신 성적이 떨어져 더 좋은 대학에 못 갔다고 미안해하고 아쉬워했다.

막내아들이 진주로 고등학교를 간 후에는 집에는 남편과 나 둘뿐이었다. 아침저녁으로 막내에게 아빠를 돌보게 했는데 막내가 없으니 답답했다. 그래도 방학이 되면 사 남매가 집에 와서 많은 일을 도와줬다. 자녀들이 아빠를 돌봐 주면 나는 안심하고 과수원 일을 종일 할 수 있었다. 밤늦도록 찬양을 부르며 사과 상자를 만드는 것도 지루한 줄 몰랐다. 때로는 얼굴에 희색이 만면한 나에게 남편이 못마땅하다는 듯이 말한다.

"당신은 요령이 좀 없나. 남편이 아픈데 뭐가 좋다고 웃음이 나오나."

환자의 상태가 점점 나빠졌다. 방바닥에 앉지 못하고 의자에 앉아 있어야 하고 누우면 혼자 일어나지 못했다. 그래도 가끔은 둘이서 찬양하며 예배드리는 시간도 가졌다. 동산병원에서 배운 물리 치료를 하루도 빠지지 않고 해 드리고, 몸에 좋다는 물리 치료 기구를 갖추어 놓고 열심히 간호를 했다. 잠이 들 때까지 주물렀다. 자다가 일어나 밤중이라도 빵이 먹고 싶다고 하면 계란을 풀어 계란빵도 만들고, 야채 주스나 과일이 먹고 싶다고 하면 정성을 다해 준비했다. 한 번도 소홀하지 않았다. 잠시도 환자 곁을 비울 수가 없었다. 그나마 남편이 낮잠이라도 자면 잠시라도 일을 할 수 있는데, 그마저도 마음이 놓이지 않아 조금 일하다가 달려가고 조금 일하다가 쫓아가 보았다. 마음만 바쁘고 일은 제대로 되지 않아 걱정이었다.

상황을 알게 된 막내아들이 벨을 설치해 주었다. 남편 머리맡에 벨을 두고 수신기만 가지고 다니면 부엌에서도 밭에서도 벨소리가 들린다. 소리가 나면 언제든지 남편에게 달려올 수 있어 정말 편리했다. 화장실에 앉아 있게 하고 아주 잠시라도 다른 일을 할 수 있었다.

하루는 집 옆 사과밭에서 인부들과 사과를 따는데 '즐거운 곳에서는 날 오라 하여도~' 멜로디가 들렸다. 남편이 벨을 누른 것이었다. 주변 사람들도 이 일을 알기에 "노랫소리 나요"하고 나에게 알려주었다. 내가 수신기를 들고 달려 오면서 "즐겁지도 안 하구마" 했더니 모두들 한바탕 웃었다.

이렇게 편리한 장치를 해 준 아들이 참 고맙다.

군대에서 다친 큰아들

큰아들이 대학 4학년 1학기를 마치고 여름방학을 맞아 집에 왔다. 군 입대하기 전 많은 일을 도와주었다. 사과가 많이 달려서 가지가 찢어지려는 나무를 고이고, 사과 상자도 짜고, 아버지를 돌보는 일까지 서너 달 수고하고 군에 갔다.

입대하는 날, 버스터미널까지라도 배웅하려는데 문 앞에서 나오지 못하게 한다. 아버지도 아프시고 집안일이 이렇게나 많은데 절대로 무리하게 면회 오지 말라고 당부하고 떠났다. 며칠 후 입고 갔던 옷이 돌아왔다.

가을이라 더 바빠지니 자식을 그리워할 마음의 여유도 없이 겨울이 성큼 찾아왔다. 아들의 논산훈련소 퇴소일도 모르고 있었다. 퇴소하는 날, 아들한테서 전화가 왔다.

"훈련 잘 마쳤고요. 자대 배치 받는 대로 다시 전화하겠습니다. 공중전화라서…."

그 후 매일 전화를 기다려도 소식이 없었다. 두 달이 넘어서 음력 설 이틀 앞두고 작은딸에게 전화가 왔다. 오빠가 부상을 당했으니 열흘 후에 수도통합병원으로 오라는 연락이었다. 소식을 듣고 마구 뛰는 가슴을 억제할 수 없었다. 정말 하늘이 무너지고 땅이 꺼지는 것 같았다.

설을 하루 앞두고 환자와 아이들 먹을 음식을 부지런히 준비해 놓고 막내아들에게 남편을 돌보게 하고 서둘러 서울 시동생 집으로 갔다. 열흘 동안 기다릴 수가 없었다. 얼마나 어디를 어떻게 다쳤는지 궁금해서 견딜 수가 없었다.

'하나님 아버지, 이게 무슨 이유입니까? 하나님의 뜻이 어디에 있습니까?'

해답을 달라고 기도할 수밖에 다른 도리가 없었다.

서울을 가니 벌써 시동생이 부대도 파악하고 부대장과 통화도 했다면서 내가 같이 못 가더라도 면회 갈 생각이었다고 한다. 시동생 승용차로 부대를 찾아가서 면회를 신청해 놓고 기다리니 양쪽 팔에 목발을 짚고 나오는데 가슴이 철렁 내려앉는다.

아들은 엄마를 보고 어깨를 들썩이며 한참을 운다. 부상 입은 과정을 이야기하는데 너무 억울했다. 태권도 훈련을 하는데 다리를 벌려서 앉게 하고 자세가 바르지 않다며 어깨를 꽉 누르는데 고관절에서 뚝 하는 소리가 나면서 심한 통증이 있었다고 한다. 다친 사람에게 꾀병이라 몰아세우고 제대로 치료해 주지 않았다고 한다. 부상 후에 아픈 채로 발에 맞지 않은 군화를 신고 50km 행군을 해서 발톱에 멍이 들고 빠진 것도 있었다고 했다.

행군 후 상급부대에서 군의관이 와서 검진하던 중에 아픈 것을 호소해 통합병원으로 치료 받으러 올 수 있었다고 한다. 동전도 하나 없어 면회실에 있는 어느 아주머니에게 서울 삼촌 집으로 전화 연락을 부탁했다는 것이다. 의무실에서 누워 있으면서 씻지 못하고 빨래도 하지 못해 옷에 때가 가득했다. 숨이 막히는 듯했다. 대한민국 국군의 현실이 너무 한심하고 비참하게 느껴졌다.

며칠 후 통합병원에서 만날 것을 약속하고 돌아오면서 흐르는 눈물을 주체할 수가 없었다. 나에게 주어지는 고통을 어떻게 감당해야 할지.

'좋으신 하나님. 좋으신 방법대로 행하시옵소서.'

집에 돌아와 많은 일을 감당하면서 새벽마다 교회에 가서 하나님께 부르짖었다.

통합병원에 입원이 되어 정상적으로 치료를 받지만 상태가 심해서 오래 걸릴 것이라는 말을 듣고 가슴이 미어진다. '엄마, 제대할 때까지 면회 안 와도 돼.'하던 아들이 얼마나 외로웠는지 병문안을 자주 가니 참 좋아했다.

이후 부산통합병원으로 이송되었다. 부산에 사는 큰어머니, 사촌들, 고모, 고종사촌 그리고 중학교 때 선생님도 문병을 다녀갔다고 한다. 서울보다 거리가 가까워 하루 만에 다녀올 수가 있어서 면회 가기가 수월했다.

아직 완치도 안 되었는데 제대하고 사회 병원에서 치료를 받으라는 것이다. 입대한지 아홉 달 만에 건강했던 아들이 한쪽 목발을 짚고 의가사 제대를 했다. 큰방에는 아버지가 누워 있고, 작은방에는 아들이 누워 있다. 이제 큰 병원에 가서 입원을 하든지 계속 치료를 받아야 하는데 8월 무더위에 엄두가 나지 않았다. 제대하면서 받아온 약이 있어서 며칠 지냈다.

비가 주룩주룩 오는 어느 날 아들이 없어졌다. 어디 간다는 말도 없었고 나들이할 만한 곳도 없는데 어디 갔는지 도통 알 수 없었다. 남편은 몸도 성치 못한 아들이 나가는 것도 몰랐다고 나를 나무란다.

오후 늦게 오토바이 소리에 대문으로 나가니 교회 친구 오토바이 뒤에서 내린다.

"어디 갔다 오니?"

"학생회 수련회 한다길래 사이다 한 상자 사서 주고 왔어요."

이러한 고통 중에도 하나님을 사랑하는 아들의 마음을 헤아리며 '하나님 감사합니다.' 속삭이듯 중얼거렸다.

진주 경상대학병원과 신촌 세브란스병원에 가서 검사를 하니 큰 문제가 없고 생활에 지장이 없을 거라고 했다. 믿어지지 않았다. 아들은 남은 한 학기를 위해 복학하고 졸업 전에 취직을 했다. 군 입대 아홉 달 만에 제대해 바로 취직한 것이다. 하나님께서는 나의 힘든 세월을 2년이나 단축시켜 주셨다.

"하나님 감사합니다. 저는 좌절하고 절망했는데 하나님의 계획과 뜻은 소망 그 자체였습니다."

집을 고치다

사 남매가 저마다 자리를 잡아가고 있다. 큰딸은 대학 졸업 후 공무원 시험에 합격해 초등학교 영양사로 발령받아 집에서 출퇴근하고, 작은딸은 대학 졸업 후 강남 세브란스 병원에 간호사로 취직하고, 작은아들은 대학 휴학 후 군에 입대했다.

큰아들이 몇 달 치 월급을 모아 집을 수리하자고 한다. 연탄보일러를 기름보일러로 바꾸고, 재래식 화장실은 없애고 실내 화장실에 양변기를 놓고 샤워실도 넓히면서 환자를 위한 난방 장치도 했다. 아들이 가져온 돈으로는 많이 부족했지만 집수리를 시작하게 된 것은 아들 덕분이다.

큰아들은 어릴 때부터 마음 씀씀이가 예뻤다. 고등학교 졸업하고 서울로 갈 때 용돈에서 오만 원을 모았다며 엄마 옷 한 벌 사 입으라고 내놓았다. 객지에 가면 돈 쓸 일이 많을 것이라며 되돌려 주었지만 항상 아들에게 힘을 얻는다.

대학 다니면서는 알바해서 부엌에 가스레인지를 놔주러 왔다. 일 많은 엄마를 생각해서 환경이라도 좋아야 한다는 것이다. 위험하다고 남편이 허락하지 않아 설득하는데 몇 시간이 걸렸다. 결국은 아들이 쓸 돈이 모자라면 내가 보내야 하지만 서둘러 불편한 것을 해결해 주니 기특하기 짝이 없다.

*

큰아들 결혼

큰아들 직장도 서울이고 며느리 집도 서울인데, 우리는 혼주가 환자라서 서울에서 결혼식을 하기가 어려웠다. 시골로 와 주셔야 하겠다고 신부 측에 양해를 구해 내가 섬기는 교회에서 결혼식을 올렸다. 신부가 예쁘다고들 칭찬이 자자했다.

감씨와 기씨 희성끼리 만났다고 청년들은

"권사님. 감기가 걸렸어요."

농담을 한다. 그래도 나는 기분이 무척 좋았다.

신혼여행을 제주도로 가는데 이곳에서는 사천비행장이 가까워 시간 맞추어 택시를 예약했는데 교회 이집사님이 승용자로 운행해 준다고 해서 너무 고마웠다. 내 기억으로는 이때 전교인 중에 승용차 가진 분이 이집사님 한 분 뿐이었다.

신부 측은 관광버스를 대절하여 신부 할머니가 계시는 광주에서도 오셨다. 집에서 음식을 장만하여 교회에서 양가 손님 모두를 대접하였다.

신혼여행을 마치고 아들 내외가 왔다. 다음 날 새벽기도를 갔다 오니 며느리는 한복을 입고 절을 하려고 준비하고 있다. 부엌 바닥에 난방도 되지 않아 차가운데 일찍 일어나 서 있는 것을 보니 애처로웠다. 이것이 바로 시집살이다.

직장 때문에 며칠 머물지는 않았지만 며느리가 상냥하고 친절해서 너무 좋았다. 아직 자랑하기는 이르다는 언니의 말대로 자랑은 하지 않았지만, 너무 좋아서 〈환희〉라는 글을 써서 액자에 담아 선물했다.

〈환희〉

참 기쁨으로 너를 맞았다
많았던 두려움도
먼동이 트이듯
비 온 뒤 햇살처럼 환한 빛을 받는다

아가 고운 네 모습이 눈에 선하고
아가 상냥스런 네 목소리가
귓가에 맴도니
난 이제껏 살아온 보람이 커지는 듯

앞으로의 숱한 세월을
아가 너는 힘이 들어도 견디며
또 참으며 살아야 한다

티 없이 맑은 네 모습처럼
곱고 깨끗한 마음으로
남에게 평화를 심어 주는 길잡이가 되어라

*

큰딸 결혼

큰딸은 입버릇처럼 결혼하지 않겠다고 했었다. 얌전히 직장에 충실하고 교회 학생회 교사로 신앙생활을 열심히 했다. 그런데 친정어머니가 여자 나이 스물 여섯이면 적은 나이가 아니라고 중매를 서두르자고 말씀하셨다. 딸한테 말을 하니 대답이 없다. 아직 시집갈 마음도 없고 대답도 하지 않아 더 권하지도 않았다. 그런데 어머니는 상대방에게 거절할 구실이 없다고 몇 달이 지나도록 자꾸 전화하셨다.

설 연휴에 외할머니가 편찮으시니 문병을 가자고 딸에게 둘러대고 함께 대구로 갔다. 내키지는 않지만 한 번 선보는 것은 괜찮지 않겠느냐고 하면서 여기까지 온 김에 만나 보자고 밀어붙여 혼사가 결정되었다.

1993년 3월 20일에 교회에서 결혼예식을 올렸다. 아빠가 딸의 손을 잡았는지 딸이 아빠를 부축했는지 신부 입장에 아빠하고 함께 들어갔다. 아들 결혼식 때도 멋진 양복은 맞추어 입혔는데 3월이라 동복을 입으면 탁해 보일까 봐 봄옷으로 오십만 원 주고 맞추어 입혔다.

결혼식을 마치고 폐백 할 때 남편이 환자라 신부측 폐백은 받지 않았다. 큰아들 때와 마찬가지로 사위 쪽에서 온 손님을 우리가 대접해 드렸다. 딸의 직장이 함양이라서 사위가 주말에 다녀가든지, 가끔 딸이 대구를 다녀오든지 하면 될 거라 생각했는데 한 주도 어김없이 주말마다 시댁으로 오라고 한다.

불편하고 힘들어도 시아버지 명령을 어길 수가 없어 그렇게 하다가 경남에서는 밀양이 대구와 제일 가까운 곳이라 딸은 그곳으로 전근 내신하여 떠나갔다. 의지하던 사랑하는 딸을 보내고 〈이별〉이라는 글을 써서 액자에 넣어 보냈다.

〈이별〉

꽃향기 그윽한 봄기운
하늬바람으로 맵시를 내듯
아늑한 네 웃음을 이제는 먼-곳으로 떠나보내고

어둠침침한 겨울 저녁
바람조차 휘파람 소릴 내고
집안 구석구석에
어두움이 짙어진다

이십 육년 긴- 세월의
쌓여진 탑들이
하나씩 무너지는 듯
허전한 마음

네 아늑한 미소를
더 먼 곳으로
전송을 해야지

*

사과 따러 온 며느리

1993년 가을, 내년 3월에 출산 예정인 며느리가 과수원을 찾아왔다. 막내아들이 군에서 제대할 때가 되도록 가족이 한 번도 면회를 가지 않아서 섭섭할 거라고 면회를 가자고 온 것이다. 며느리는 버스를 갈아타고 거칠고 낯선 시골길을 삼십 분이나 걸어서 왔다. 깜짝 놀랐다. 안쓰럽고 기특하고 고마워서 읍내로 나갈 때는 택시를 불러 태워 보냈다.

내 아들 면회 가자고 고생하는 며느리 때문에 서둘러 사과를 따서 창고에 넣고 면회를 갔다. 승용차가 있는 것도 아니고 환자를 모시고 가는 길이 고생이다. 함양에서 진주까지 시외버스를 타고, 택시로 진주 고속터미널로 이동, 고속버스를 타고 부산터미널로 이동, 다시 택시를 타고 예약된 해운대 콘도에 도착했다.

직장에 다니며 시집살이 하는 큰딸 내외가 대구에서 와 있고, 서울에서 큰아들과 작은딸이 오고, 막내아들도 외박을 나와 온 가족이 비좁은 콘도에 모여 앉아 저녁 식사를 했다. 정담을 나누며 밤이 깊어지는 줄도 모른다.

다음 날 우리 온가족은 해운대 백사장도 거닐고 사위가 빌려온 비디오 카메라에 연신 폼을 잡으며 무척 행복했다. 뒤에 안 사실인데 고장 난 비디오 카메라에 폼만 잡았으니 한바탕 추억거리가 되었다.

막내아들 첫 직장

1998년 겨울, 막내아들이 졸업을 하고 취직해서 서울로 갔다. 진주에서 대학교를 다녔으니 가까운 곳에 취직해서 집에도 자주 드나들면 참 좋을 것 같았는데, IMF 시절이라 지방에는 일자리 구하기가 어려워 서울에서 취직을 했다. 첫 달 월급을 받아 전부를 하나님께 드리고 한 달 생활비를 보내달라고 한다. 나는 어려워도 하나님께 충성을 다하는 막내가 대견했다.

막내아들은 연말이 되어 회사에서 치악산으로 새해 해맞이 행사를 갔다. 국립공원인데도 춥다고 불을 피우라는 대표에게 실망을 했고, 천막 안에서 화투치며 술 마시고 담배 피우고 밤이 새도록 모두가 재미있어하는 모습을 보며 '이것이 사회인가? 직장인이면 이런 것도 다 따라야 하는가?'를 아무리 생각해도 아니라는 결론을 내렸다고 한다.

연말에는 송구영신예배를 드려야 하고 주일이면 교회에 가서 하나님께 예배드려야 하는데, 이렇게 소규모 직장에서는 아랫사람이 빠진다고 말하기도 어려울 것이라 판단했다. 결국 막내아들은 사표를 내고 집으로 내려왔다. 사장에게는 아버지가 많이 아프셔서 어머니 혼자 감당하기 어려워 도와야 한다고 말했다고 한다.

*

남편과 기도원

연초에는 언제나 여전도회에서 기도원을 간다. 나는 한 번도 참석하지 못하다가 아들에게 남편을 맡겨두고 이틀간 다녀왔다. 집에 오니 내가 없어서 환자가 불안했는지 상태가 좋지 않았다. 식사를 안 하려고 해서 약을 드리지 못했다는 것이다. 아무리 무엇을 먹여 보려고 해도 입을 꼭 다물고 얼굴은 일그러졌다.

15년 동안 아팠지만 이대로는 보낼 수가 없었다. 구원의 확신이 없는 것 같아서였다. 밤이 새도록 환자의 전신을 주무르며 하나님 아버지께 한 번만 더 기회를 달라고 살려 달라고 기도를 했다.

새벽녘에 눈을 뜨고 물을 찾길래 물을 먹이고 요구르트도 빨대로 마시게 하고 흰죽을 끓여서 먹였다. 목사님께 연락해 어제 다녀온 기도원으로 환자를 데려다줄 것을 부탁드렸다.

한 발자국도 옮기지 못하는 환자를 아들과 내가 안아 올려 교회 봉고차에 태웠다. 기도원 방에 환자를 눕혀 놓고 저녁집회에 참석했는데 사람이 많이 모였다. 이렇게 많은 사람 중에 나보다 더 힘든 사람이 있을까 싶었다. 하나님께 한 번만 기회를 달라고 영혼 구원의 확신이 있을 때까지만 남편을 살려 달라고 애원했다.

집회를 마치고 기도원 원장 장로님이 강사 목사님과 함께 기도해 준다고 세 명의 이름을 부르는데 남편의 이름이 불렸다.

기도 받으러 나오라기에 나는 급히 방으로 뛰어가 누워 있는 남편을 일으켜 세웠다. 여기서부터가 기적이다. 어떻게 혼자 남편을 데리고 오르막을 올라 왔는지 모르겠다. 강사 목사님과 여러 목사님들의 안수기도를 받고 숙소로 내려올 때는 부축은 해도 그리 힘들지 않았다. 이렇게 9주간 기도원에 다니면서 믿음의 확신을 세워 갔다.

월요일에 목사님이 데려다주고 금요일에 데리러 와 주셨다. 목사님이 시간이 안 될 때는 택시를 타고 갔다. 때로는 승용차를 가진 이집사님이 운행해 주시기도 했다. 환자가 병이 다 낫지는 않아도 구원의 확신이 있었고 새벽기도를 가고 싶어해서 우둔한 걸음으로 몇 번 참석했다.

남편이 젊고 공직에 있을 때 도움을 받은 사람들도 다 등을 돌린다. 이 골짜기에 사과 과수단지를 있게 한 개척자인데 지난 일은 아무 소용이 없다. 병들어 있으니 무시하기도 하고 같은 동네에 살지 않으니 더욱 그러했다.

제일 힘든 것은 농약 치는 일이다. 약을 잘 치던 젊은 인부들도 도시로 떠나가고 이제는 농촌도 생활이 나아지니 농약 치는 것을 꺼린다. 보약 먹는 시대에 사약을 어떻게 먹느냐고 말하는 사람도 있다.

산청 시동생에게 힘든 상황을 이야기하니 과수원에 와서 나에게 운전을 가르쳐 주었다. 한 시간쯤 배운 운전으로 약을 치는 분무차를 운전할 수 있었다. 풀 베는 작업을 오래전부터 관리기로 내가 했기에 분무차 운전도 수월하게 배웠다. 운전 중 제일 어려운 것이 뒤로 가는 것이라 뒤로는 못 가고 뱅뱅 돌아서 다니곤 했다.

*

친정어머니가 돌아가시다

봄이 오기 전부터 농사 준비를 해야 한다. 올해 농사 계획을 세우며 정월 초부터 전정을 시작하는데 어머니가 편찮으시다고 전화가 왔다. 작은언니는 내일 간다고 하는데 나는 인부들 점심 때문에 가지 못하고 전화를 걸었다.

"엄마, 많이 아파요?"

"그래. 좀 많이 아프다."

"엄마. 나 일꾼이 있어서 엄마 생신 때 갈게요."

"너는 항상 바빠서 어떻게 오겠니."

그렇게 전화를 끊고 삼 일 후 과수원으로 전화가 왔다. 어머니가 돌아가셨다. 인부들에게 일을 중지하든지 알아서 하라고 하고 택시를 불러 타고 집으로 와서 대충 준비하면서 막내아들에게 남편을 맡겼다.

살아계실 때 연락을 받고도 한번 가 뵙지 못한 불효 때문에 가슴이 너무 아프다. 병원에 입원하지 않고 집에서 며칠 고생하시고 돌아가셨지만, 잠이 드신 듯 평안히 누워 계셨다. 정말 다행이다.

오 남매가 다니는 교회에서 모두 조문을 와서 시간마다 예배드렸다. 삼 일 후 장례차로 운구하여 고향 교회에서 예배를 드렸다. 촌수를 떠나 일가친척 모두가 슬픔에 잠겼다.

어머니는 우상이 가득한 환경에서 일찍이 생명 되신 예수님을 영접하셨다. 일제 강점기와 쓰라린 6.25 시대를 살면서 환란과 역경 중에도 믿음을 지키시고 우리 오 남매에게 믿음을 유산으로 주셨다. 어머니는 외가의 여러 가족들에게도 복음을 전하셨다. 나에게 외사촌인 어머니의 친정 조카들은 목사가 되고 장로가 되었다. 어머니는 불의를 보면 참지 못하는 담대함을 지니셨다. 이제는 더이상 볼 수가 없고 살아계실 때 자주 찾아뵙지 못한 송구한 마음에 흐르는 눈물을 감당할 수가 없다.

✻

과수원을 임대하다

어머니 장례식을 마치고 집에 돌아와 한 해 농사를 준비하는데 남편은 나에게 이제 아이들 학교도 다 마치고 직장을 다니니 과수원을 임대 주자고 한다. 간호하느라 많이 힘들었기에 나는 정말 그렇게 하고 싶었지만 농사를 짓지 않으면 수입이 없으니 자녀들 뒷바라지가 걱정되었다.

소출이 많다고 소문난 과수원이라 임대를 놓는다고 소문이 나니 서로들 찾아왔다. 과수원은 잘 아는 사람이 소개한 젊은 사람에게 맡겼다. 일 년 소득은 2천만 원 정도다. 전성기 때는 3천만 원 넘게 할 때도 있었는데, 일 년에 4백만 원씩 받기로 하고 과수원을 맡겼다.

가을에 가보니 농약을 제대로 치지 않아 나뭇잎은 다 떨어지고 사과만 조롱조롱 달려 있고 가시 울타리도 다듬지 않아 하늘을 찌르는 듯하다. 사과밭을 완전히 버리게 만들어 놓고 줄 돈이 없으니 내년 농사 잘 지어서 한꺼번에 준다고 한다. 한 번 잘못해 회복하려면 2~3년 걸리는 것을 잘 알고 있기에 임대료는 받지 않겠으니 비워 달라고 했다. 그런데 2년 약속했으니 못 나가겠다는 것이다. 버려진 것 같은 과수원을 다시 맡길 수가 없어서 임대료는 고사하고 오히려 4백만 원을 도로 주면서 그 사람을 나가게 하고 과수원을 팔았다.

울퉁불퉁한 진흙밭, 조각조각 난 산골 화전민의 밭, 언덕 경사진 땅을 사서 30대 초반에 있는 힘을 다하고 온갖 정성을 쏟아 만든 과수원이고 거기서 얻어지는 소득도 높았는데 너무 헐값에 판 것이 아까웠다.

거처할 집이 있고, 큰 창고와 물탱크, 농약 치는 모터와 분무차, 수도시설, 경운기, 관리기 이렇게 다 갖추어진 6천 평 과수원을 1억 3천만 원에 시설비도 안 되는 값으로 팔았다. 내 손으로 농사를 지을 수 없으니 어떻게 할 도리가 없었다.

과수원을 팔고 나니 내가 지금까지 살아오는 동안 가장 편히 쉴 수 있는 해였다. 간호사 하는 작은딸이 병원 침대를 사서 보내고, 욕창 나지 않도록 공기 매트리스부터 환자에게 필요한 물건은 모두 보내주어 간호하기가 훨씬 편리했다.

매일 남편만 돌보며 어디 좋은 의원이 있다고 하면 찾아다녔다. 그럴 때마다 산청 시동생이 차를 운행해 줘서 고마웠다. 날이 갈수록 병색이 짙어져 가는 것을 지켜봐야 했다.

*

친손녀와 친손자

친손녀가 태어났지만 남편을 돌보느라 보고 싶어도 갈 수가 없었다. 출생신고를 했다며 주민등록초본을 보내왔다. 손녀가 태어난 지 25일 만에 남편의 회갑이었다.

승용차가 있는 것도 아니라 오지 말라고 당부를 했는데 먼 거리를 갓난아이를 안고 며느리가 왔다. 고맙고 대견하고 첫 손녀라 더욱 예쁘다. 남편은 힘도 없는 팔로 손녀를 안으려고 해서 옆에서 보는 나의 마음을 안타깝게 했다. 나는 며느리에게 못난이 진주 목걸이를 선물했다.

요즘 회갑은 아무것도 아니라고 하지만, 남편은 오랜 세월 투병하느라 아주 상노인이다. 중환자이기에 다음에 이런 기회가 없을 것 같아서 정성껏 음식을 준비해 잔칫상을 차렸다. 큰집 작은집 칠남매 가정에서 다 다녀가시고, 다음 날은 친정 오 남매를 초대하고, 교회 중직자들도 대접을 해 드렸다.

이듬해 5월 친손자가 태어났다. 연년생 애기 둘을 키우느라 며느리의 고생이 이만저만이 아니다. 친손자를 본 기쁨은 말할 수 없이 크지만 보러 가지 못했다.

대구가 왜 이렇게 더워요?

1994년 7월, 무더위 뉴스가 연일 이어지던 때였다. 딸의 순산 소식을 듣고도 가 볼 생각은 하지 못 했다. 잠시도 환자를 혼자 있게 할 수 없었기 때문이다. 대구는 왕복 대여섯 시간이면 다녀올 수 있는 거리인데 그저 마음뿐이다. 다음 날 정오가 좀 지난 시간에 전화를 받으니

"어머니. 저예요."

수화기 너머로 며느리 목소리가 들린다.

"대구가 왜 이렇게 더워요?"

"너 대구에 뭐 하러 갔니?"

"아가씨가 아기 낳았는데, 어머님이 못 가시니 친정 식구 누구라도 가 봐야 할 것 같아서요. 자연분만이라 내일이면 퇴원할 것 같기도 하고요."

"너 아기는 어찌하고?"

"친정어머니 오시라고 해서 아기를 봐 달라고 했어요."

"아이고…."

나는 수화기를 놓고 멍하니 앉았다. 눈물이 핑 돈다. 형님이라도 오히려 시누이보다 나이도 한 살 적고 석 달 된 애기도 있는데, 이 더운 날 서울에서 대구까지 가다니. 나는 고맙고 기특하고 사랑스럽고 미안하고 안쓰러웠다. 아직 나이도 어린데 시댁 식구에게 너무 긴장하고 있지는 않은지 마음이 쓰였다.

'며늘아가, 나도 네게 잘할게. 앞으로 살아가면서'

이렇게 속으로 중얼거렸다.

큰아들 내외는 여름휴가를 내고, 학교가 직장인 큰딸 내외는 여름 방학을 맞아 내려왔다. 친손녀도 오고 외손자도 왔다. 남편은 손자들을 안아 줄 수 없어도 정말 좋아했다. 둘이 사는 집에 아들, 며느리, 딸, 사위, 손녀, 손자 여섯 식구나 왔으니 오랜만에 집이 북적였다.

*

투자

과수원 판 돈을 은행에 예금해 놓고 다달이 쓰기만 하자니 걱정스러워 잘 아는 분에게 투자할 곳을 알아봐 달라고 부탁했다. 남편이 공직에 있을 때부터 친형, 친동생처럼 지내던 사이이다. 오래전에도 서울에서 시세보다 싸게 살 수 있는 집이 있다고 소개해 줬었다. 190만 원 하는 집을 전세를 끼고 대출도 받아서 현금 40만 원으로 집을 사도록 주선했었다. 그렇게 시작하여 마련한 서울 18평 아파트에서 아이들은 자취하며 공부할 수 있었다.

믿을 반한 분이기에 이번에도 부탁을 했다. 주택공사를 퇴직하고 건축업을 하고 있었다. 고향에 다니러 오면 찾아와서 위로하고 계장님 고기 사서 드리라며 용돈을 쥐여주고 가던 분이다. 의논했더니 토지개발공사에서 분양하는 안양 땅이 투자가치가 있다고 한다. 과수원을 판 돈으로는 모자라 큰아들이 모아놓은 2천 3백만 원을 보태고, 있는 돈을 다 긁어모아 71평 땅을 샀다.

작은딸 결혼

7년을 교제했다고 하지만 사위 될 사람은 집에 놀러 온 적도 없고 만나 볼 일도 없었다. 야무지고 착한 딸만 믿고 결혼을 허락하고 상견례를 했다. 결혼식 의논도 할 겸 환자를 데리고 고속버스를 타고 서울로 갔다.

휴게소에 들어가니 장애인 화장실이 있어 너무 편리하다. 여자와 남자가 함께 들어갈 수 있으니 정말 살기 좋은 세상이 되었다. 그전에는 가는 곳마다 소변 통을 검은 비닐봉지에 싸가지고 다니면서 여자 화장실 안으로 들어가서 볼일을 보게 했었다.

아들네에 도착하여 처음 손자를 보는 기쁨은 말로는 다 표현할 수가 없다. 3월에 첫돌을 지낸 손녀와 5월에 태어난 손자가 너무나 귀여웠다.

다음 날, 딸 시어머니 되실 분과 사위 될 사람을 만나 결혼 날짜를 정했다. 시어머니는 권사님이시고, 시아버지는 집사님이셨다. 가족이 신앙생활을 잘한다기에 안심하고 사위가 출석하는 교회에서 결혼 예식을 하기로 하고 내려왔다.

준비하면서 아무리 생각해도 혼주가 아프니 서울까지 갈 엄두가 나질 않았다. 간단하고 편리하게 가족끼리만 참석하기로 결정하고, 산청 시동생에게 운행을 부탁했다.

결혼 전날, 봉고차에 사람과 짐을 가득 싣고 김천을 경유해서 서울로 가야 하는데, 시동생이 빠른 길로 간다며 육십령 재를 넘었다. 오르막길이 얼마나 S코스인지 간담이 서늘해지는 느낌이었다.

심지어 안개가 자욱해서 시야가 흐려 앞이 잘 보이지 않았다. 길이 얼마나 단축이 되었는지 모르겠지만 체감으로는 빠른 것 같지가 않았다. 그래도 운전에 능숙한 시동생 덕분에 무사히 서울에 도착했다.

딸 시댁에 보내려고 준비한 음식을 차에 싣고 사위 될 사람의 안내로 큰딸 식구와 막내아들과 강남에서 석관동까지 가서 예물을 드렸다.

돌아오는데 길도 낯설고 장거리 운전에 피로로 지친 시동생이 갓길에 차를 세웠다. 밤 11시가 넘은 시간에 막내아들이 약국을 찾아 피로회복제를 사 와서 작은아버지에게 마시게 하고 잠시 쉬고 강남으로 무사히 돌아왔다.

결혼식 날은 여름 날씨치고는 많이 덥지 않았지만 더위를 몹시 타는 나는 연신 땀을 흘렸다. 하객을 맞이하는데 신랑 측에는 다섯 아들과 사돈 부부가 죽 서 계시는데 나는 혼자 서 있었다. 큰아들은 3월에 첫돌을 지낸 딸을 안아야 하고, 며느리는 5월에 낳은 아들을 안고 있어야 한다. 작은아들은 제 아버지를 부축해야 한다. 서울에서의 결혼식이 우리에겐 너무 힘들었다. 그래도 교회에서 목사님 주례로 결혼예식을 할 수 있어서 감사할 뿐이다. 우리 교회에서는 친절한 오 권사님과 목사님이 참석하셨다. 어렵고 힘든 모든 일정을 잘 마치고 무사히 돌아왔다.

*

기도를 하다가 큰마음 먹고 남편에게 조심스럽게 입을 열었다.

"우리 교회가 금년 말까지 이사를 해야 한다고 하는데, 우리 양계장을 수리해서 교회로 쓰면 어떨까 싶네요. 당신 생각은 어때요?"

이렇게 말하니 남편은 주저함도 없이

"그래도 되지!"

바로 허락했다. 나는 뛰는 가슴을 걷잡을 수 없었다.

'하나님 감사합니다!'

너무 감사해도 가슴이 뛴다는 것을 처음 알았다.

PART 5

섭리하시는 하나님

교회를 떠나오다 • 호텔에서의 추석 • 교회 부지 허락 • 1997년 여름 • 남편의 동창회 • 안양에 집을 짓다 • 큰딸과 작은딸의 출산 • 남편은 천국으로 • 주님의 일을 해야 하지 않겠니? • 막내아들 결혼과 이직 • 연합회 활동 • 안양 집 • 바레인 여행 • 세상에 이런 일이 • 목사님 사임 • 목사님 부임 • 막내동생 칠순 • 팔순 생일 • 가고 싶은 곳 • 감사와 소원

*

교회를 떠나오다

1996년 8월에 30년 동안 섬기던 교회를 떠나왔다. 스물다섯 살부터 섬기던 교회를 하루아침에 떠나온다는 것은 있을 수도 없고 있어서도 안 된다는 것을 알면서도 나는 교회를 떠났다.

자녀 사 남매 모두 믿음이 그곳에서 자랐고, 비가 오나 눈이 오나 바람이 부나 교회의 평안이 나의 평안이었다.

새로운 교인이 한 사람 오면 경사가 난 듯 좋아하며, 목사님이 새로 부임해 오실 때마다 정성을 다해 섬겼다. 성도들 한 사람 한 사람이 소중하고, 만나면 반갑고 누구와도 관계가 원만했다.

특히 연세 드신 분들과의 사이는 더 좋았나. 사과 딸 때 노인들을 인부로 불러 용돈이라도 벌게 해 드리려다가 일에 능률이 안 오른다고 남편에게 한소리 들은 적도 있다.

삼십 년을 지나면서 목사님 다섯 분이 바뀌어도 한결같이 정성껏 섬겼다. 전도사님들이 형편에 따라 떠날 때는 언제나 아쉬운 마음이었다. 원로 목사로 은퇴하고 자녀가 없어 원로원에 홀로 계시는 사모님에게는 나의 자녀들과 일 년에 한 번씩 방문하기도 하고, 형편대로 용돈도 드리곤 했다.

9주 동안 남편이 기도원에 다닐 때 차량을 운행해 준 목사님이 떠나고 난 뒤, 남편이 늘푸른교회로 옮기자고 했다. 나는 한마디로 거절했다.

"교회를 옮기면 안 되지요."

아마도 남편에게 너무 잘해 주던 목사님을 교회에서 보냈다고 생각한 것 같았다. 늘푸른교회 담임목사님은 함양교회 부목사로 계시다가 개척한 분이라 못 잊어 하고 있었다. 새로 부임하신 목사님과 첫 예배를 드렸다.

그다음 날 새벽, 새벽기도를 가는데 내 발걸음이 늘푸른교회로 가고 있었다. 그다음 날 새벽에도, 수요일에도 늘푸른교회에 참석하여 예배드리는데 천사가 화답하는 예배였다. 다니던 교회에서는 일주일 내내 새벽에 보이지 않으니 권사님에게서 전화가 걸려왔다.

"어디 아파요?"

"아니요. 나 늘푸른교회로 옮겼어요."

내 말을 듣고 권사님 여러 분이 오셔서 만류했지만, 나는 등록했다고 아무렇지도 않게 대답을 했다. 그때까지는 등록하지 않았었다. 그 주에 남편과 함께 늘푸른교회로 등록했다. 남편이 무척 좋아했다. 길에서 다니던 교회 교우들을 만나면 많이 미안했다.

늘푸른교회 목사님은 주중에 여러 번 심방 오셔서 환자를 위해 기도해 주시니 남편이 무척 좋아해서 다행이었다.

이제 나는 집 옆 칠백 평 사과밭만 농사지으니 크게 힘들지 않았다. 새벽녘에 혼자서 전동 분무기로 농약을 쳤다. 1시간 정도 소요된다. 관리기로 풀을 베고 갖가지 채소를 가꾸어 먹어도 시간이 남아 성경책을 다섯 번 읽었다.

땀을 많이 흘리고 햇볕에 너무 노출되어서인지 눈이 좋지 않아 돋보기를 쓰고 책을 읽는데, 다섯 번째 읽는 어느 날 형광등이 환해지는 것 같더니 눈이 밝아졌다. 돋보기를 쓰지 않아도 책을 읽을 수 있었다. 남편과 함께 예배드리며 나는 이 찬송이 좋더라 하면서 찬양을 불렀다.

하늘 가는 밝은 길이 내 앞에 있으니
슬픈 일을 많이 보고 늘 고생하여도
하늘 영광 밝음이 어둔 그늘 헤치니
예수 공로 의지하여 항상 빛을 보도다
_찬송가 493장

*

호텔에서의 추석

그해 추석이 되어 큰아들이 중고차를 사서 일가족이 타고 왔다. 나는 부지런히 음식을 장만하는데 아들이 이번 추석에 놀러 가자고 한다. 과수 농사로 고생이 너무 많으시고 여행도 한 번 안 가셨는데, 아버지가 편찮아 더 움직이지도 못하면 아예 갈 수 없다는 것이다.

나는 무슨 말을 하느냐 멀리 나갔다가도 명절이 되면 돌아오는데 어딜 가려고 하느냐면서 아들을 이해하지 못했다. 하지만 이미 지리산 호텔을 예약해 놓은 상태였다. 나는 이것저것 싸서 가려고 준비를 하는데 아들이 다 사서 먹으면 된다고 아무것도 못 가져가게 했다. 내일이 추석인데 우리는 지리산 호텔로 갔다. 깊은 산 속 숲이 우거진 한적한 곳에 있는 크고 웅장한 멋진 건물이었다.

예약된 방에 들어가니 깨끗하고 아늑했다. 저녁이라 그런지 주변도 조용했다. 저녁 식사를 하러 가니 시중에 한 그릇 오천 원이면 사 먹을 수 있는 것이 만 원이나 했다. 아들이 다 부담하지만 나는 마음이 편치 않았다.

창으로 밖을 내다보니 호텔 주차장이 비좁도록 차가 많았다. 나는 일평생 처음 왔는데 여기 온 다른 사람들은 늘 즐겨 찾아오는 사람들인지 나처럼 처음 온 사람들인지 무척 궁금했다. 두 살 손자, 세 살 손녀의 재롱과 귀여움에 푹 빠져 저녁 내내 즐거웠다.

새벽에 일어나 호텔 베란다에 나와 기도했다. 늘 하던 대로 감사 기도를 드리고 하나님께 소원을 말씀드리며 늘푸른교회를 위해 기도했다. 하나님의 마음에 합한 교회가 부지도 없고 건물도 없는 것이 안타까워 가슴이 아파 견딜 수 없었다.

한참 동안 울면서 기도하는데 '네가 해라. 네가 해라.' 세미한 음성처럼 가슴으로 들리는데 깜짝 놀랐다.

아침밥은 싸 가지고 간 음식으로 먹고 천천히 주변을 구경하고 구례에서 지리산 노고단으로 새로 난 오르막길을 올라오는데 손에 땀을 쥐게 했다. 처음으로 지리산도 구경하고 식당에 들어가 맛있는 점심도 먹었다. 환자 아버지를 아들 며느리가 모시니 나는 수월하게 추석을 잘 보냈다.

교회 부지 허락

그날 이후로 귀에서 가슴에서 '네가 해라.' 하는 말이 들려와 견딜 수가 없었다. 아무리 생각해도 가진 돈은 아무것도 없고 집 옆 과수원 농사는 지어야 우리 부부 생활비를 댈 수 있다.

생활비도 문제지만 남편이 허락할 리가 만무했다. 허리띠를 졸라매고 궂은일을 해 가며 고생고생 모은 재산이었다. 아이들 학비며 결혼 비용을 쓸 때마다 아껴 쓰라고 정말 많이도 다투었다.

기도를 하다가 큰마음 먹고 남편에게 조심스럽게 입을 열었다.

"우리 교회가 금년 말까지 이사를 해야 한다고 하는데, 우리 양계장을 수리해서 교회로 쓰면 어떨까 싶네요. 당신 생각은 어때요?"

이렇게 말하니 남편은 주저함도 없이

"그래도 되지!"

바로 허락했다. 나는 뛰는 가슴을 걷잡을 수 없었다.

'하나님 감사합니다!'

너무 감사해도 가슴이 뛴다는 것을 처음 알았다.

거리가 좀 먼 사택으로 단숨에 달려가 말씀드렸다. 집사님 몇 분과 목사님이 오셔서 양계장을 수리해서 쓰라는 말도 고마운데, 부지를 백 평만 파시고 나머지 땅은 평소 그 땅에서 얻는 소득 만큼의 임차료를 드리겠으니 허락해 달라고 한다.

남편은 흔쾌히 허락했다. 하나님의 역사하심이다. 인간적으로 생각하면 이런 일은 있을 수 없다. 그 당시 시세로 평당 백만 원 하는 땅을 육십만 원에 정하여 백 평을 교회에 팔고 나머지 땅 삼백팔십 평은 임대하는 것으로 이백만 원을 받아 남편은 백만 원을 건축헌금으로 드렸다. 첫해 이백만 원을 받은 후로는 임대료를 받지 않았다.

10월 초, 다 익지도 않는 사과를 따서 성도들이 이리저리 팔고 20년이 넘은 사과나무를 베 버리고 교회 건축을 시작했다. 교회 집사님이 공사를 맡았는데 기초 공사를 해 놓고 굳히는 동안 동네 사람들이 반대를 했다.

동네 한 가운데 교회 짓는 것을 못마땅히 생각했다. 교회를 지으면 젊은 사람 두 명이 죽는다며 반대를 하는데, 뒷집에 사는 여호와의 증인에 다니는 사람이 앞장서서 선동했다.

몇몇 사람들이 포크레인 위에 올라앉아 공사를 방해하고 머리에 붉은색 수건으로 머리띠를 하고 사거리에서 데모하다가 군청까지 가서 데모를 했다. 사람들이 이렇게 반대를 하는데 왜 한 동네에서 30년간 사이좋게 살아오던 사람들을 배신하고 교회를 지으려고 하느냐며 온갖 비방이 화살처럼 날아왔다.

10월에 시작한 공사가 중단이 되고 기초만 해 놓은 공사 현장 철근은 녹이 슬었다. 눈은 소복이 쌓여 있고 공사 차량이 들어오는 길마다 파헤치고, 블록을 쌓아 놓고 초소를 지어 교회 공사 차가 못 들어오도록 모여 지키고 있었다.

나는 남편과 교회 갈 때 그 초소 앞을 지나야 하는데, 지나갈 때마다 야유와 조소를 퍼붓는다.

"교회 짓는가 봐라. 비행기로 지으려면 지어 봐!"

이렇게 험한 소리를 동네 여자들에게 들으면서도 말없이 그 앞을 지나가고 교회를 다녀와서도 남편은 아무 말을 하지 않는다. 너무 고마웠다.

심지어 군수가 세 번이나 찾아와서 설득했다. 교회 공사를 중지하고 건축업자한테 맡겨서 아파트를 짓든지 빌라를 지으면 협조하겠다고 했다. 그러면 개인적으로도 이득이 많이 생기고 30년을 한동네에서 살던 사람들과도 사이좋게 지낼 수 있으니 좋은 일이 아니냐고 말을 하길래 나는 이렇게 답변했다.

"예, 제가 사람하고 한 약속이면 많은 손해가 나더라도 교회 건축을 중단하겠지만, 하나님과의 약속이라 중단할 수가 없습니다."

1997년 여름

교회 건축을 반대하고 방해하는 동네 사람들 때문에 집을 잠시 떠나 있었다. 삼복더위에는 건강한 사람도 힘든데, 몸도 제대로 가누지 못하는 환자를 데리고 아들 집에 갔다. 세 살, 네 살 연년생 아기가 있는 13평 아파트 아들 집은 네 식구가 살기도 비좁다.

방은 두 칸이지만 신발장도 없고, 부엌 겸 거실이다. 서너 사람 앉기도 옹색한데 화장실은 샤워하기도 불편했다. 더위는 말할 수도 없는데 이렇게 열악한 집에서 한 달을 살았다.

내가 며느리라도 아니 내가 딸이라도 싫지 않겠는가? 나의 착한 며느리는 한 번도 싫은 내색하지 않고 오히려 넓은 집을 두고 옹색한 집에서 아버님 어머님이 고생하신다고 안타까워하며 끼니때마다 정성을 다해 음식을 장만해서 섬겨 주었다.

착한 며느리와 여름을 보내며 전화로 교회 건축이 잘 진행되어간다는 소식을 듣고 한 달 만에 집으로 돌아왔다. 대구 건축업자가 맡아 일하면서 비어 있던 우리 집에서 기거했는데 집이 너무 더러워져 있었다.

화장실에 깨끗하게 빨아 차곡차곡 쌓아둔 수건은 한 장도 없고 거실과 화장실은 흙으로 범벅되어 있었다. 나는 남편의 눈치를 보며 치우는데 남편은 아무 말도 하지 않았다. 그렇게 까다롭던 사람이 이제는 교회 일에 넉넉함을 보여주니 정말 감사했다.

우리가 집으로 돌아오던 날 교회 지붕 공사를 하고 있었다. 주변 지역에는 비가 주룩주룩 내리는데 교회 공사를 하고 있는 읍내만 비가 오지 않았다. 60년대 공법으로 질통에 시멘트 자갈을 섞어서 지붕 공사를 하자니 새벽부터 하루 종일 해도 다하지 못해 밤 11시까지 했다.

동네 사람들은 시끄러워 잠 못 잔다고 파출소에 신고해서 경찰이 오기도 했다. 레미콘 차량이 들어올 수 있는 길을 다 파헤쳐 놓았으니 60년대 건축하듯이 우리 교회는 그렇게 지었다.

최후 수단으로 동네 사람들은 누가 조언을 했는지 교회를 짓지 못하도록 법원에 공사중지가처분 신청을 했다. 교회도 이에 대응하여 건축방해로 인한 피해배상신청을 하였고, 합법적인 교회 건축을 방해한 동네 사람들에게 1억 원이 넘는 배상금을 교회에 지급하라는 판결이 내려졌다.

손해 배상을 책임질 동네 사람은 아무도 없었다. 군청과 읍사무소를 찾아가서 해결해 달라고 민원을 제기하니 행정기관에서 목사님을 찾아와 동네 사람들과 화해를 권하고 1억 이상의 손해 배상을 탕감할 것을 부탁한다.

처음 계획대로 건축했으면 고생 없이 무리 없이 부채도 없이 석 달 안에 지어질 건물이 1년 가까이 늦어지면서 타 지역의 건축업자를 불렀고 레미콘 차량도 들어오지 못해 재래식 건축으로 하느라 1억 이상의 부채를 안고 있었다. 개척 3년차에 교인은 40여 명이라 재정이 어려워 많은 교인들이 탕감을 반대했다.

그런데 목사님은 화해를 하자고 하셨다. 목사님이 성도들에게 여러 번 설득하여 화해를 했다. 화해하는 장소에 정말 가고 싶지 않았지만 원수도 사랑하라는 예수님 말씀 때문에, 어진 목사님 때문에 화해의 시간에 참석했다. 큰 손해를 감수하고 교회는 부채를 갚느라 여러 해가 걸렸다.

단층 보잘것없는 건물이지만 우리 성도들은 화단을 가꾸며 자기 집 화단에 있던 좋은 나무들을 옮겨 심었다. 금송이며 주목이며 동백나무와 천리향을 심으며 모두들 기뻐했다. 넓은 잔디 마당을 가꾸면서 무척 행복해했다. 가까이 사는 형 권사님은 고초를 더 많이 겪어서 그런지 더 좋아하셨다.

이제 교회까지 2분이면 갈 수 있어 남편은 예배에 잘 참석하면서 아주 좋아했다. 나는 하나님께서 늘푸른교회로 부르신 뜻을 알았고, 하나님이 하시면 못하실 일이 없음을 다시 확신했다.

남편의 동창회

나는 아픈 남편을 매일 씻겼다. 목욕, 이발, 손발톱도 깎아주고, 끼니때마다 음식을 맛있게 장만했다. 이것이 내가 매일 하는 일이었다.

그런데 어느 날 우편엽서가 왔다. 남편의 고등학교 동기회를 한다는 엽서다. 해마다 남편은 자기에게는 해당 사항이 없는 것으로 알고 한 번도 참석하지 않았다. 그런데 이날은 엽서를 보더니 동기회에 가고 싶다고 했다. 본인 몸도 제대로 가누지 못하고 밥도 떠먹여야 하는데 어떻게 가냐며 물었다.

그래도 꼭 가고 싶다기에 택시를 타고 시외버스를 타고 거창을 갔다. 버스터미널에서 모임 장소까지 거리가 멀어 택시를 타도 되는데, 시동생이 경영하는 사업장으로 갔다. 형을 동창회 장소까지 모셔 달라고 당부했다. 그것은 어렵지 않지만, 그 몸으로 가겠느냐고 걱정한다. 이런 환자를 데리고 온 나를 소견이 없다고 생각했는지도 모른다.

중환자 친구를 보고 모인 동기들이 안타까워했다. 고등학교 다닐 때 공부도 잘했는데 하면서 반가워했지만 말도 우둔하고 떠먹이는 밥을 받아먹으니 결국 친구들의 구경거리만 되었다. 좋은 분위기를 어색하게 만든 것 같아 미안했다.

돌아올 때도 시동생이 고생했다. 동생에게 고마웠는지, 아니면 모시고 다니는 내게 고마웠는지 남편은 나에게 시계를 하나 사라고 했다. 뜻밖이었다. 수십 년 동안 동생이 금은방을 해도 자녀들 혼사 패물 외에는 나는 사 본 적이 없었다.

십만 원이 넘는 시계를 선뜻 고르지 못해 망설이고 있으니 시동생이 나이가 들고 하면 비싼 것도 할 줄 알아야 한다고 했다. 남편이 삼십만 원 하는 시계를 사라고 해서 우리는 갤럭시 세트를 오십만 원에 샀다. 지금까지 시계에 이렇게 큰돈을 써 본 적이 없다.

안양에 집을 짓다

안양에 사 놓은 땅 때문에 계속 세금만 내고 있었다. 집을 지을 돈이 없었다. 땅을 추천한 분이 설계비와 레미콘 비용만 있으면 다른 건축 자재는 외상으로 했다가 집을 지어서 전세 놓으면 건축비가 나올 것이라고 했다. 이후에 해마다 집세가 오르면 우리 생활비를 하면 된다고 해서 교회에 부지 백 평 매매한 돈을 보내 집을 지으라고 했다.

땅이 71평인데 그 지역 건축 조건은 지하 1층부터 지상 3층을 짓는 것이다. 지하 1층과 지상 1층은 상가, 2층은 2가구, 3층은 1가구, 그리고 옥탑을 지었다. 나는 시골에 살면서 아무것도 모르고 남편은 병들어 있고, 사회 초년생 자녀들은 자기 앞가림하기도 바빴다.

집이 완공되면 전세를 놓아 최소한으로 건축비 3억 3천을 뽑아야 한다. 제일 먼저 지하 1층과 지상 1층이 보증금 7천만 원에 월세 70만 원으로 계약되었다. 보증금은 건축업자 몫이고 월세는 내가 받게 된다. 이후 모든 관리와 계약들을 큰아들이 맡아 하기로 했다.

나는 매월 70만 원을 받으니 생활하기가 수월했다. 건축해 준 사장이 무척 고마웠다. 그런데 석 달 후에 안양 동안구청에서 등기우편이 왔다. 준공 검사도 받지 않고 입주했다고 과태료 30만 원이 나왔다. 정말 놀랐다.

사장에게 연락을 했더니 걱정하실 것 없고 곧 해결될 것이라며 과태료는 사장이 낸다기에 안심했다. 그 후 잊고 있었는데 한참이 지난 뒤 함양 경찰서에서 조사할 일이 있다고 소환장이 왔다. 난생처음 겪는 일이라 많이 놀랐다. 건축법 위반으로 소환했다고 한다. 안양 집이 불법 건축물이라고 한다.

나는 아무것도 아는 게 없다고 하며 사정을 말하니 조사관은 업자에게 빨리 연락해서 옥탑을 철거하고 정식으로 준공 검사를 받으라면서 안타까워하는 눈치다. 또 업자에게 연락하니 시일이 좀 걸리니 참고 있으라는 것이다. 세금은 일 년에 두 번씩 백만 원이 넘게 나오고 이 년이 지나니 지하와 1층에 세 든 사람이 나가면서 전세 보증금 7천만 원을 돌려 주어야 했다.

큰아들에게 돈을 빌려 전세 보증금을 돌려 주었다. 옥탑을 철거하려고 했지만, 옥탑에 사는 세입자에게 전세 보증금을 내줘야 하고 철거하는 비용은 어디 있으며 모든 것이 내가 감당할 수 있는 일이 아니었다.

*

큰딸과 작은딸의 출산

1998년 4월 6일. 큰딸이 둘째 아들을 낳아 3일 만에 퇴원하여 친정으로 와서 산후조리를 했다. 딸의 시어머니가 영감님을 받들고 큰아이와 신생아를 돌보면서 산모 구완까지 하기가 힘들 것 같아 내가 데리고 왔다. 잠시 온 작은아들에게 작은방 청소만 깨끗하게 해놓으라고 부탁했다.

외출 후 돌아오니 아직 4월 초라 춥다고 단열재와 방한지를 사다가 벽에 붙이고 도배까지 해놓았다. 형광등과 수면등도 새 걸로 달아 놓고 아늑한 방으로 꾸며 놓았다. 아가도 산모도 건강하게 있다가 열흘 만에 시댁으로 갔다. 자식이 무엇인지 내가 고달파도 함께 있으니 즐겁고 떠나니 섭섭하다. 아이 둘 키우며 직장에 다니느라 고생이 많은 딸을 생각하니 마음이 짠하다.

작은딸은 결혼하고 직장에 다니면서 과로가 되었는지 몸이 약해서인지 첫아이를 임신하고 두 달 만에 유산했다. 이후 결혼 3년 만인 1998년 8월에 첫아들을 낳았다.

병원에서 갓난아기가 약하다고 신생아실에 두고 산모만 퇴원을 하라고 했다. 어른 셋이 병원을 나서는데 아기를 안고 퇴원하는 사람들이 얼마나 부러운지 나는 하나님께 내 목숨과 바꿔 달라고 애절하게 기도했다.

일주일 이상 있어야 한다더니 이틀 후에 병원에서 연락이 왔다. 이제 아기가 정상적으로 우유를 먹는다고 퇴원하라고 했다. 너무 감사했다. 때를 따라 도우시는 하나님의 손길을 느꼈다. 딸은 아기 봐 줄 사람이 없어 직장을 사직했다.

남편은 천국으로

이제 남편은 중증 환자가 되니 몸을 가누지 못해 누워만 있게 되어 여간 힘든 일이 아니다. 속수무책으로 그냥 있을 수가 없어서 새로 개업한 가정의학과 동신 의원에 가서 차례를 기다리다가 왕진을 부탁했다. 5시 이후에 온다고 하면서 왕진비가 오만 원이라고 해서 드렸더니 왕진 다녀가면서 받으면 된다고 간호사가 말했다.

5시가 넘어 차 소리가 나더니 의사와 간호사가 왔다. 환자 상태를 보더니 언제부터 아팠느냐고 묻는다. 20년째라고 하니 청진기로 몸 이곳저곳 진찰하더니 이제는 한계가 온 것 같다며 준비를 하셔야겠다고 말씀하셨다.

간호사에게 왕진비 오만 원을 주니 의사가 왕진비를 받지 않고 돌아가며 말했다.

"아주머니. 그동안 고생 많이 했습니다. 오래된 환자 방이 냄새도 안 나고 깨끗하네요."

오랫동안 병석에 있었지만, 마음이 두근거려 목사님에게 말씀드리고 교회 남자 집사님을 불러 간신히 교회 봉고차에 태워 성심병원에 입원했다. 하루 이틀 지나는 동안 자녀들이 다녀가고 날씨는 더운데 씻지도 못하고 아무런 치료도 안 되어 퇴원했다.

부산에서 맏동서가 다녀가고 작은 시누이도 다녀갔다. 살아있을 때 한 번이라도 더 보고 싶은 마음이었을 것이다. 다음 날 작은딸이 아기를 데리고 왔다. 아버지 돌아가실 때까지 고통이라도 없게 해 드린다고 수액을 달아놓았다. 기침이 나고 가래가 차면 석션기로 가래를 빼내고 정성을 다해 간호해 드렸다.

며칠 지나니 혼수상태가 되면서 수액도 받아들이지 않아 수액을 뽑고 기다렸다. 비는 주룩주룩 오는데 밤낮 삼일 혼수상태의 남편 곁에 앉아 있었다. 혹시 내가 잠든 사이에 돌아가실까 봐 뜬눈으로 밤을 새우니 파김치가 되는 듯했다.

3일 후, 오전 10시쯤에 눈을 뜨더니 물을 찾기에 빨대로 물을 반 컵 마시게 하고 조금 지나 요구르트 한 병 드리니 그제야 옆에 앉아 있는 딸을 알아보며 이름을 부른다.

정신이 돌아오는 것 같아 안심했다. 염색하러 나갔다 온다며 딸에게 아버지 곁에 있을 것을 부탁했다.

"엄마, 내가 염색약 사 가지고 와서 해 드릴게. 나가지 마세요."

"그럼 그렇게 해 다오."

그런데 기다려도 딸은 염색약을 사러 가지 않는다. 아마 간호사라서 짚이는 생각이 있는 것 같았다. 12시쯤에 남편은 다급한 소리로 목사님을 두 번이나 부르며 찾았다.

그때 교회에서 노회 사모님 모임이 있어서 점심을 했다고 나를 데리러 권사님이 오셨다. 나는 급히 환자가 목사님을 찾는다고 했고, 권사님은 목사님을 모시러 갔다. 남편은 또 급한 목소리로 "예배 예배"한다.

집 모퉁이를 돌아 뛰어간 권사님은 창문을 열고 소리쳤다.

"환자가 예배드려 달라고 하는데요!"

그 소리를 듣고 순식간에 목사님이 오셨다. 권사님과 집사님, 여러 분이 오셔서 임종 예배를 드렸다. 찬송가 305장 '나 같은 죄인 살리신

주 은혜 놀라워' 그리고 찬송가 493장 '하늘 가는 밝은 길이 내 앞에 있으니'를 부르고, 성경 말씀 요한복음 3장 16절을 읽었다.

함께 기도하고 예배를 마치니 남편은 눈을 크게 뜨고 목사님 한 번, 나 한 번 쳐다보았다. 목사님이 이마에 손을 얹으니 눈을 감았다. 아직 손에는 따뜻한 온기가 있는데….

1999년 6월 24일 낮 12시.

나의 남편 감정만 집사는 66세의 일기로 이 땅을 떠나 천국으로 거처를 옮겼다. 36년 함께한 세월, 몸이 아파 힘겨웠던 20년의 세월이 하루같이 느껴졌다. 힘들 때마다 달리는 말에게 채찍질하듯 세월도 어서 가라고 채찍질이라도 하고 싶었었는데, 이렇게 아침이슬처럼 잠시 잠깐 왔다가 가는 인생길이 아무것도 아님을 다시 깨닫는다.

딸이 전화로 일가친척에 알리고 부고장도 내지 않았다. 장례식장이 없는 지역이라 우리 교회 성도들이 더운 날씨에 땀 흘려 수고하여 문상 온 모든 이들을 대접하고 우리 가족의 식사도 준비해 주었다.

고인이 거처하던 안방 윗목에서 이틀이 지나고, 교회로 관을 옮겨 장례예배를 드렸다. 성도가 다 참석한 가운데, 목사님은 말씀을 선포하면서 병상의 고통 20년은 감정만 집사가 천국을 준비하는 모든 과정이었다고 말씀하셨다.

정직하고 말이 없고, 주님의 교회를 사랑하여 소중한 땅을 교회 부지로 허락하고, 교회를 건축하면서 동네 사람들에게 심한 비방을 받으면서도 끝까지 굴하지 않았던 감정만 집사를 회고하며 분명히 천국 가심을 확신하고 하나님께 감사의 장례예배를 드린다고 말씀하셨다.

산청에 시동생 부부가 섬기는 교회 목사님의 축도로 장례예배를 마쳤다. 우리 교회 성도들이 정성을 다해 국화꽃으로 장식한 꽃차에 관을 싣고 삼십여 년을 몸담아 살던 거처와 섬기던 교회를 뒤로하고 아주 천천히 준비한 장지로 떠났다.

*

주님의 일을 해야 하지 않겠니?

이제 각자의 자리로 가야 하기에 잠시 자녀들과 의논을 했다. 얼마 안 되는 재산이지만 자녀들과 상의를 해야 할 것 같아서 내가 입을 열었다. 교회 건물과 맞닿아 있는 180평의 땅을 교회에 드리고 싶어서 자녀들에게 말했다.

"아버지가 하신 말씀도 있고 아버지 명의로 있으니 아버지 이름으로 교회에 드리고 싶다."

"어머니 하고 싶은 대로 하세요."

사 남매가 하나같이 대답한다.

"조상에게 물려받은 유산도 아니고 엄마 아빠가 땀흘려 일해 모은 재산이니까요."

큰아들의 대답에 따라 그렇게 하기로 했다. 서울 집과 안양 집에 대한 정리는 자녀들에게 맡겼다. 우선 세금이라도 내가 부담하지 않았으면 좋겠다고 의사를 말했다. 딸과 아들 모두 엄마의 생각대로 하시라고 한다. 그리고 지금 내가 살고 있는 집과 남은 땅은 내 명의로 이전해서 쓰고 남으면 내 마음대로 선한 일에 쓸 것이라 말했다.

며느리는 어머님 혼자 계시기 외로우니 아이들도 봐 주시고 서울로 가서 함께 살자고 제안을 했다. 그리하면 서로가 좋겠지만 나는 45세에 권사 직분을 받아 59세가 되도록 교회에 충성하지 못했다.

"이제 주님의 일을 해야 하지 않겠니?"

마음이 편치 못했으나 완곡히 며느리의 제안을 거절할 수밖에 없었다. 이렇게 해서 자녀들의 적극적인 동의로 교회에 땅을 드리는 기쁨이 있었다. 하나님께 드리는 것은 재산이 많은 사람만이 가능한 것이 아님을 깨달았다.

큰아들은 어머니 사는 집이 혼자 계시기에 너무 허술하다고 집수리를 하자고 했다. 보일러와 마루, 싱크대와 수납장, 도배와 장판까지 바꾸어 놓았다. 집 수리비는 부의금 들어온 것으로 다 써 버렸다. 이것도 천천히 갚아야 할 빚인데.

은행에 다니는 사위가 은행에서 장인 조의금으로 백만 원이 나왔다고 한다. 사위 건강보험에 올라가 있는 것만으로도 고마워서 너희가 그냥 쓰라고 했다. 그러나 착한 사위는 당연히 장인어른의 것이라고 보내주었다. 너무나 고마웠다.

작은 사위가 지방 근무 경험을 해야 한다며 대구로 내신하여 이사를 했다. 마침 둘째를 가져 아들을 낳았다. 아기가 건강하고 예쁘다. 첫째도 잘 생겼는데 둘째는 더 예쁘게 보인다.

산모는 산후조리원으로 가고 세 살짜리 큰아이는 내가 업고 와서 어미가 조리원에서 나올 때까지 봐 주었다. 두 살 위라고 하지만 같은 어린애인데 두고 오기가 마음이 아팠다. 며느리도 딸도 내 손길이 필요하지만 돌봐 주지 못했다.

이제 목사님을 따라 심방도 하고 전도 여행도 참석했다. 성도들 가정의 결혼식이나 장례식 등의 모든 경조사에 빠지는 곳 없이 참석하였다. 서울, 대구, 광주에서 열리는 부흥회나 세미나뿐만 아니라 멀리 오산리 기도원까지도 다녀왔다.

교회 부엌일도 힘을 다했다. 메주를 만들어 장을 담그고, 생멸치를 사서 젓갈을 담그고, 찬밥을 모아 쌀엿을 만들어 고추장도 직접 담갔다. 성도들을 위해 건강한 식품으로 섬기고 싶었다. 맞벌이하는 자녀들 가정에 어린 손자들을 돌봐 주지 못해서 항상 미안한 생각이 든다. 그래도 주님의 일, 교회의 일은 정말 보람 있고 재미가 난다.

막내아들 결혼과 이직

2001년 5월 19일, 막내아들이 결혼했다. 병중에라도 위로 세 자녀 때는 남편과 나란히 혼주석에 앉았는데, 남편의 빈자리로 인해 서글펐다. 아들이 출석하는 서울 사랑의교회 본당에서 결혼예식을 하게 됨도 하나님의 은혜이다. 신랑 신부가 믿음이 좋으니 행복하게 잘 살기를 바랄 뿐이다. 반듯한 전셋집을 마련해 주지 못해 마음이 불편하다.

그해 여름, 나의 회갑이라고 자녀 부부와 어린 손자 손녀들 모두 모여 교회 마당에서 사진 촬영을 하고 좋은 음식점에 가서 점심식사도 하며 즐거운 시간을 보내고 헤어졌다.

이듬해 2월에 막내아들이 첫딸을 낳았다. 병원에서 자연 분만으로 순산했다. 산모도 아이도 건강하고 해산구완하는 도우미가 집으로 온다고 해서 나는 집으로 돌아왔다.

작은아들이 회사를 옮기면서 퇴직금의 반을 잘라 내가 다니는 교회로 보내왔다. 늘푸른교회 증축 소식을 듣고 이렇게 보낸 것이다. 본인 생활도 어려울 텐데 얼마나 고마운지. 처음 직장에 나가 첫 월급을 받았을 때도 전액 헌금을 바쳤던 믿음 좋은 아들이다.

그런데 지금은 아내도 있고 자식도 있는데 어찌하나 싶어 며느리에게 물어봤더니 의논해서 보냈다고 한다. 며느리에게 고맙다고 칭찬을 했다.

두 해 뒤, 작은며느리는 둘째 딸을 낳았다. 며칠이라도 도와주려고 갔는데 집안이 너무 깔끔하게 정리 정돈되어 있다. 퇴근한 아들이 아기 목욕도 함께 시키더니 빨래도 돌리고 다음 날 먹을 산모 미역국도 반찬도 다 해 놓는다. 내가 할 것은 아무것도 없었다. 오히려 끼니때마다 며느리가 시어머니 식사를 걱정하게 될 것 같아 집으로 돌아왔다.

막내아들 부부가 다니는 교회에서 특별 새벽기도를 하는데 거리가 멀어 인터넷으로 예배를 드린다기에 나는 그 자리에서 일어나 의자에 앉았다.

그런데 아들 부부는 세수하고 옷을 갈아입고 화면 앞에 무릎 꿇고 앉아 경건히 예배드린다. 정말 하나님 앞에서 드리는 예배를 인식하는 아들과 며느리가 너무 기특하고 감사하다. 어려운 중에도 바르게 믿음 생활하는 이 가정을 많이 도와주지 못해 마음이 편하질 못했다. 그 후 3년 뒤에 셋째 딸을 낳아 예쁘게 잘 키우고 있다.

세월은 흐르는 물과 같다더니 어언 칠십 나이가 되었다. 내가 인생의 연수대로 칠십을 살았으니 많이도 살았다. 자녀들이 칠순 잔치를 하자고 했지만, 나는 교회 성도들에게 점심 식사를 대접하는 것으로 칠순 잔치를 대신하기로 했다.

사 남매가 생일 전날부터 정성을 다해 음식을 장만하여 대접해 드렸다. 성도들과 친정 오 남매와 함께 예배를 드리면서 자녀 사 남매와 아홉 명의 손자 손녀들이 하나님께 특별찬송을 올려 드렸다. 손자는 바이올린으로 손녀는 피아노를 치면서. 교회에서는 케이크를 준비하여 큰 박수로 축하를 해주었다.

또 칠순 기념으로 오래전부터 생각나는 대로 적어두었던 글을 모아 책을 냈다. 〈환희〉라는 제목으로 기쁨의 책을 만들 수 있도록 인도하신 하나님께 감사드린다.

연합회 활동

언니의 권유로 진주노회 여전도회 연합회도 참석하며 열심을 다했다. 전국연합회 세미나에도 빠지지 않고 참석하였고 단기 교육과정도 마쳤다. 요양보호사 공부를 해서 자격증도 취득했다. 교회가 성장하면서 돌봐야 할 성도들이 늘어나는데 환자들도 많았다.

새신자 중에 남편은 시각장애인이고 아내는 치매 환자인 가정을 돌보면서 많이 힘들었다. 일주일에 한 번 돌보는 것으로는 그 가정에 큰 도움이 되지 못했다. 싱크대와 가스레인지 주변에 쌓여 있는 쥐똥과 냉장고에 상한 음식과 치매 환자 배변도 치워 주어야 했다.

반찬도 만들어 가져갔다. 하루에 버스가 두 번밖에 다니지 않는 지역이라 일을 하다가 버스를 놓치면 정말 난감하다. 사모님에게 전화해서 승용차 가진 사람을 보내 달라고 해서 집에 돌아오면 거의 하루가 다 저문다.

남편은 반신불수에 아내는 디스크 환자인 가정도 있다. 당시는 요양 시설이나 돌봄 센터가 없었던 지역이라 엄청 바쁜 나날이었다. 나는 예수님 이름으로, 늘푸른교회 이름으로 헌신하고 싶었다. 남편의 병상 20년이 이때를 위함이라고도 생각해 본다. 병원에 입원한 환자도 퇴원할 때까지 돌봐드렸다. 연세 드신 신입 교인의 집을 찾아가 청소, 설거지, 심부름과 김장도 도와드렸다. 이러한 활동을 하다 보니 돈이 많이 필요했다. 심방하는 집마다 빈손으로 가기보다는 작은 거라도 섬기고 싶었다.

큰아들이 내 마음을 헤아려 식빵 기계를 사 주면서 발효용 이스트까지 보내왔다. 매일 식빵을 만들어 심방할 때마다 빈손으로 가지 않았다. 먹거리가 풍성하지 않을 때라 모두 반가운 표정이다. 오랫동안 빵을 만들면서 강력밀가루 몇 포를 사용했는지 모른다. 구역 예배를 드릴 때도 자주 식빵을 만들어 대접했다.

몇 년 후 처음으로 우리 지역에 복지원이 생기고 자원봉사자로 활동하면서 격려의 뜻으로 표창장을 받았다. 부상으로 금 한 돈짜리 핸드폰 고리를 받았다. 주의 일에 날마다 바쁘지만 기쁨과 감사로 감당했다.

안양 집

늘 안양 집으로 인해 고민만 쌓인다. 건축법 위반 과태료가 점점 쌓여갔다. 나 하나 생활비도 부족한데 과태료를 내려니까 힘이 들어 관할 구청에 찾아갔다. 담당 직원을 만나 자초지종을 말해도 건축법을 위반한 건물은 구제받을 길이 없다고 한다.

담당 직원은 딱하지만 옥탑을 뜯어내야 한다고 했다. 옥탑을 뜯고 설계 변경을 하여 비워둔 상가를 가정집으로 하면 세가 나갈 것이라고 조언을 해 주고 과태료도 조금 탕감해 준다기에 집으로 와서 내가 거주하고 있는 집을 팔기로 했다.

교회하고 붙어 있는 땅이라 다른 사람에게는 팔 수가 없다. 평당 백만 원으로 정하고 교회도 돈이 없어 집을 먼저 이전 등기를 해 주고 팔천만 원을 대출받아 나에게 주었다. 십일조를 드리고 안양 집 옥탑에 살던 사람에게 보증금을 돌려주고 옥탑을 철거했다. 설계 변경을 하고 몇 년간 비워둔 1층 상가를 가정집으로 바꾸어 준공 검사를 받았다.

안양 집은 나에게 있어 정말 골칫거리이다. 1층 세를 놓으면서 큰아들에게 빌린 돈은 해결되었지만 내 손에 쥐어지는 돈은 여전히 없었다. 이제 정식 준공 검사를 받으니 내가 건물주가 되었다. 세무서에서는 건물주라고 사업자 등록을 하라는 안내문을 보내왔다. 내겐 수입도 없는데 사업자 등록을 하면 세금도 많이 나올까 염려도 되고, 건강보험료도 다달이 내게 될 것 같아서 집을 내놓고 팔리기만 기다리고 있었다.

한편 내가 사는 집은 교회 집이 되었고, 나는 집값 잔금 삼천오백 남은 것으로 전세로 살았다. 보일러가 고장이 나거나 불편한 일이 생겨도 교회에 말도 못 하고 내가 부담하니 여간 불편한 노릇이 아니었다. 그래서 큰아들과 의논했다. 함양의 모든 것을 정리해 안양으로 이사하는 것이 어떻겠냐고 큰아들이 제안했다.

나는 늘푸른교회를 떠날 생각을 한 번도 해 본 적이 없었다. 명절이 와도 설날이 주일이면 주일예배를 드리고 아들 집으로 가곤 했다. 어떤 상황에서도 늘푸른교회를 떠나고 싶지 않아 교회 주차장으로 쓰고 있는 부지 백 평을 팔아 나머지 땅에 내가 살 집을 짓기로 했다.

그런데 땅이 삼각형 모양이라 설계하기가 힘들었다. 부산에서 건축업을 하는 아들 친구가 맡아 집을 짓기로 했다. 땅이 생긴 모양대로 방 두 칸, 부엌, 거실로 지었다. 자녀들이 다 모이면 비좁긴 해도 나 혼자 살기에는 불편함이 없고 새집이라 좋았다.

*

바레인 여행

작은딸 가족이 바레인으로 간 지 1년이 넘었다. 여름방학에 손자는 서울로 공부하러 와서 만났지만, 딸을 1년이 넘도록 만나지 못하니 무척 그리웠다. 그러던 중 딸에게 전화가 왔다. 이번 여름방학에는 엄마를 초대한다고 한다. 사양하지 않았다. 딸이 항공권도 다 준비하여 날짜에 맞춰 데리러 왔다.

긴 시간 비행기 안에서는 무척 지루했다. 여행은 젊어서 하는 것임을 절절히 느낀다. 밤이 지나도록 잠이 오지 않아 꼬박 뜬 눈으로 10시간 지나니 카타르 도하 공항이다. 밖은 불볕더위였다. 더운 나라였지만 공항 실내 에어컨 온도가 어찌나 낮은지 서너 시간 기다리면서 겨울 잠바가 생각이 났다.

최종 목적지 바레인에 도착하니 현지인 직원이 픽업해 주어 무사히 딸네 집에 도착했다. 집이 넓고 좋아서 깜짝 놀랐다. 사전에 딸이 말하지 않아 모르고 있었다. 정원사가 정원을 관리한다. 아름드리 야자수 나무가 있고 담장 울타리 위에는 예쁜 꽃들이 피어 있다. 수도꼭지가 온종일 물을 뿜어내어 나무에 물을 주고 있다. 국제학교로 아이들을 등하교 시켜 주는 기사도 오고 청소해 주는 외국인도 다녀간다. 평생 처음으로 이런 환경을 접했다.

여행 기간 20일 동안 사위는 시간만 있으면 그곳에서 유명한 곳을 구경시켜 주었다. 바닷가, 백화점, 박물관, 사원과 시장 구경도 두 번이나 갔다. 과일과 채소가 품질도 좋지 않은데 너무 비싸다. 그 나라에서 전혀 생산되지 않고 전부 수입해서 그렇다고 한다.

시내를 조금만 벗어나면 끝없는 모래밭에 석유관만 보일 뿐이다. 사막에 살아있는 오래된 나무 한 그루를 구경하는 곳이 관광 명소 중 하나다. 사우디와 다리로 연결된 경계 지역을 구경하면서 이렇게 더운 나라에 와서 대한민국의 근로자들이 일을 하여 외화를 벌어들인 것이 너무 장하다는 생각이 들었다.

교회는 한 건물 공간에 여러 나라가 시간을 정해 교대로 예배를 드린다. 목사님이 너무 친절하시고 성도들도 반가이 맞아주신다. 교회 다녀온 다음 날부터는 여러 집사님이 찾아와 케이크와 먹을 것을 선물로 주셨다. 고국의 인정이 느껴졌다.

사위는 여행 날짜를 연기해서 유럽 여행을 하고 가라고 권하지만 사양했다. 이제 돌아갈 때는 혼자 가야 하니 딸은 걱정이 되었는지 교인 중에 한국에 갈 사람이 있는지 알아보았다. 마침 집사님 한 분이 있어서 출국 예정일보다 이틀을 앞당겨 친절한 집사님과 동행했다.

돌아올 때는 두바이를 경유했다. 인천공항에서 집사님과 작별하고 마중 나온 작은아들과 함께 큰딸 집으로 갔다. 오래도록 바레인 딸 가족들이 눈에 선하고 아른거린다.

*

세상에 이런 일이

준공 검사 몇 년 뒤에 팔고 싶어 했던 안양집이 매매되었다. 세무사에게 맡겨 세금 관련 일을 처리하고 중개수수료와 세입자 전세금을 제외하니 내 손에 남는 돈이 얼마 되지 않았다.

하지만 그 돈에서 십일조를 드리고 오랫동안 병으로 고생하는 담임 목사님께 병원 비용을 조금 드렸다. 등록금이 부족하다는 어려운 학생에게도 도움을 주고, 연합회관 건립을 위해 조금이나마 드리고, 경남 지역 작은자 시설기금을 후원했다. 또 내가 졸업한 고등학교를 찾아가 장학금도 드렸다. 내가 늘 하고 싶었던 일을 하니 보람을 느끼고 정말 뿌듯했다.

그리고 그해 여름 자녀들과 함께 제주도 여행을 갔다. 내가 비용을 부담했다. 큰아들 부부와 손녀, 큰딸 부부와 다녀왔다. 얼마나 재미있었는지 모른다. 어디를 가든지, 무엇을 하든지 자녀들에게 비용을 부담시키다가 내가 부담하니 너무 즐겁고 기뻤다.

그런데 그 이듬해 2월에 세금 납부 고지서를 받았는데, 1억이 넘는 세금이 나왔다. 순간 눈 앞이 캄캄하고 어질어질하고 심장이 멈추는 것 같았다. 안양 집을 매매하고 분명 세무사를 통해 모든 절차대로 세금을 납부했는데 세상에 이런 일이 있을 수가 있으랴.

내용을 알아보니 지금 내 집이 읍면 소재지에 있지만 도시 지역으로 분류되어서 1가구 2주택이면 양도소득세가 기준이 다르게 적용된다는 것이다.

작은 농촌 주택이 하나 더 있다고 시골 집값에 가까운 1억이 넘는 돈을 세금으로 내라는 것은 억울하기도 하고 뭔가 제도가 잘못되었다는 생각이 들었다. 일을 맡긴 세무사도 제대로 알아보고 일을 처리하지 못했다. 자녀들도 나도 법을 잘 알았더라면 얼마든지 피해 갈 수 있었던 일이다. 처음에 세금이 이렇게 많은 줄 알았더라면 세금부터 납부를 했을 텐데 정말 청천벽력이었다.

떨리는 마음으로 국세청장에게 호소문을 썼다. 힘들게 살아 온 지난날의 나의 사연을 팔십을 앞둔 늙은이가 서툰 솜씨로 밤새도록 컴퓨터 자판을 두드려 7장을 써서 봉투에 담아 등기로 부쳤다.

한참을 기다려도 어떤 연락이나 답이 없었다. 관할 세무서를 갔더니 한 번 부과된 것은 납부하지 않으면 과태료만 더 부과될 뿐이라는 것이다. 일시불로는 납부할 수 없으니 일 년 동안 분할 납부하기로 했다.

세금 납부 할 돈이 부족해 시골집을 팔 생각을 하면서 가입했던 보험과 저축을 해지했다.

나는 나름대로 통일이 되면 북한 동포 돕는 기금을 마련하려고 했던 십 년 만기 저축과 개인저축, 실손 보험을 해지했다. 그래도 모자랐다. 나는 노령연금, 노인 일자리를 신청했지만 그것도 복잡한 이유로 얻지를 못했다. 공무원에게 사정을 이야기해도 소용이 없었다.

나는 나의 조국 대한민국을 사랑한다. 날마다 새벽에도 저녁에도 교회 가서 나라와 민족을 위해 기도했다. 그리고 이렇게 공기 좋은 함양에 사는 것을 자랑스럽게 생각하며 살아왔다. 그런데 내가 잘살아보려고 근검절약하며 힘써 살아왔는데 오히려 복지 혜택에서는 제외되고 있다. 젊었을 때부터 양산 들고 잘 놀던 사람은 노령 연금도 받고 노인 일자리도 있다.

인간적으로 생각하면 너무 억울하고 마음이 상해 밤잠을 설치고 우울하기도 했는데 이제는 모든 것이 다 부질없는 일이라 마음을 고쳐먹었다. 자녀들의 도움으로 일 년이 지나면서 다달이 그 많은 세금을 다 납부하고 평온을 찾아가고 있다.

*

목사님 사임

몸이 불편한 목사님의 병이 호전되지 않고 짙어만 갔다. 더 이상 목회를 감당할 수가 없다고 생각하셨는지 갑자기 사임하고 떠나가셨다. 갈 곳도 없는데 임시방편으로 월세 집을 얻어서 갔다. 이사하는 날은 이별을 서러워하듯 비가 주룩주룩 내리는데 문밖 인사만 하고 보낼 수 없어서 가는 차에 따라가서 거처할 집을 보고 돌아왔다.

며칠은 불 꺼진 목사님의 서재만 바라봐도 눈물이 나고 가슴이 아팠다. 30대 젊은 나이에 하나님의 부름을 받아 이곳에 늘푸른교회를 개척해서 영혼들에게 복음을 전하기 위해 애를 많이 쓰셨다. 치유의 은사로 인해 교회가 부흥하였고, 나도 30여 년 동안 영적 양식을 공급받았다. 내가 천국 가는 그날 나의 장례 예배도 인도해 줄 거라고 믿었는데 정말 앞일을 아는 사람은 아무도 없다. 오로지 하나님만이 아신다.

목사님 부임

여러 목사님의 설교를 들어 본 후 성도 전원 만장일치로 이동호 목사님을 청빙하여 부임하셨다. 성령 충만하여 선포되는 말씀에 은혜가 넘치니 성도들이 기쁨이 충만하다. 젊고 인물도 인상도 좋은데 부지런하시기도 하다. 언제나 단정한 양복 차림이시다. 사모님도 유순하고 딸들도 예쁘다.

1월 1일, 남선교회 주관으로 대봉산을 산행하고 식당에 가서 맛있는 점심을 먹었다. 성도들이 단합하는 모습이 감동이었다. 봄 야외예배도 아침에는 이슬비가 와서 갈까 말까 했는데 날이 개고 화창해져서 감사했다.

성가대 지휘를 해주실 박 전도사님 자매가 우리 교회에 오시게 되어 반가웠다. 다볕자연연수원에서의 여름 캠프는 우리 성도들의 마음을 치유하기에 충분했다. 예배당 조명도 밝게 하고 강대상 리모델링도 했다. 매주일 새신자가 등록하니 활기가 넘쳤다.

비록 직분에서 은퇴한 늙은이지만 주님의 몸 된 늘푸른교회와 목사님과 성도들을 위해 전심을 다해 기도하는 사람이 되기를 바랄 뿐이다.

막내동생 칠순

나와는 열 살 터울 동생이 이제 같이 늙어가면서 올해 칠순이라고 초대를 했다. 생일이 정월 초하루라 한 번도 생일을 찾아 축하받지 못했다고 한다. 설 명절이라 늘 분주하게 지내야 하기 때문이다.

정월 초엿새가 어머니 추모일이라 일찍이 서둘러 대구 친정으로 갔다. 오 남매가 모두 모여 추모예배를 드린 후 안동으로 출발했다. 동생의 아들과 며느리가 예약해 놓은 안동 호텔에 짐을 풀고, 예약된 좋은 식당에서 저녁 식사를 했다. 어린 손녀들의 춤과 노래 재롱이 한결 제 할머니의 칠순 잔치 분위기를 북돋워 주었다.

호텔 숙소도 너무 아늑하고 좋았다. 우리는 각각 자기 숙소로 갈 생각도 않고 오랫동안 옛이야기로 꽃을 피웠다. 맛있는 간식, 과자, 사탕, 음료수, 과일 등 이질부가 주는 것을 먹으면서.

다음 날 안동 곳곳을 구경했다. 안동이 처음이었던 나는 볼거리가 너무 많았다. 먼저 경상북도 도청을 구경했다. 이질부가 도청 직원이라 군데군데 구경하는데 시설이 정말 좋다. 청사 내 커피숍에서 잠시 쉬고 밖으로 나와 좋은 경치를 배경으로 사진도 여러 장 찍었다.

그 유명한 하회마을도 둘러보았다. 즐비한 고가를 그대로 살려 관광지로 만들어 많은 이들에게 옛것을 보게 하니 참 좋다. 하회마을 셔틀버스에서 내리니 식당이 줄지어 있다.

유명한 맛집에서 점심 식사를 하고 작별 인사를 하는데 작은 이질이 선물이 담긴 가방을 앞앞이 주었다. 몸에 좋은 홍삼 제품과 금일

봉이 들어있었다. 어제부터 받은 대접도 고마운데 선물까지. 시어머니 칠순을 계획하고 준비한 이질부가 너무 고마워 오래오래 기억될 것이다.

*

팔순 생일

동생 칠순 잔치를 다녀온 뒤 코로나19라는 무서운 전염병이 청도에서 시작해 대구로 확산되었다고 TV 뉴스가 알린다. 두세 달이 지나면 종식되려니 했는데 점점 끝이 없고 매일 불안과 초조함이 떠나지 않는다.

따스한 봄, 봄꽃으로 온 누리가 아름다운데 구경하러 나갈 수가 없다. 더욱이 노인들은 면역이 약하니 주의가 필요하다고 한다. 교회야외 예배도 중단되고, 동창회도 무산되고, 가족 모임도 모이지 않기로 했다.

이러한 때에 팔순이 다가온다. 코로나19 때문에 아무도 못 오게 했다. 생일을 사흘 앞둔 주말에 연락도 없이 아들 형제가 들어온다. 오지 않을 거라 생각했는데 들어서니 무척 반가웠다.

"너들 오지 마라 했는데 왜 왔어?"

"내일 엄마 미역국 끓여 드리려고요."

"오냐. 고맙다. 미역은 있다."

그러고는 늦도록 이야기로 꽃을 피웠다. 새벽에 교회를 갔다 오니 큰아들이 보이지 않았다.

"형 어디 갔어?"

"그러게요. 형님이 안 보여요."

그러더니 현관문 소리가 들린다. 산책을 갔다 오나 했는데 미역국을 사 가지고 왔다. 나는 미역국 파는 것을 처음 알았다. 끓여 준다더니 데워 주려고 했냐며 아침밥을 먹었다. 그리고 사 남매가 정성을 담아 모은 축하금이 든 봉투를 받았다.

그리고 서울에 사는 친구가 나에게 케이크를 보냈다. 뜻밖에 귀한 선물을 받으니 마음이 찡하다. 아이들 어릴 적부터 '임양 이모' 하며 따랐던 친구라 아들들이 더 고마워한다. 점심은 한우 고깃집에 가자고 하길래 서하에 사는 작은언니와 같이 가려고 전화를 하고 출발하려는데 휴대폰이 울린다.

작은딸 목소리다. 벌써 새벽에 출발해서 인삼랜드 휴게소를 지났다고 한다. 서하 언니 집에서 만나기로 약속을 하고, 거기서 딸과 만나 〈암소 한 마리〉 식당을 갔다. 앉을 자리가 없도록 사람이 많았다.

식사 후 언니를 모셔다드리고 집에 와서 친구가 보내준 케이크에 촛불을 켜고 생일 축하 노래를 불렀다. 딸 부부가 함께하니 더욱 좋았다. 아들 형제는 서둘러 출발하려는데 딸은 조금 더 있다가 출발하겠다고 한다.

아들이 출발한 뒤에야 사위가 며칠 휴가를 냈다고 말했다. 장모님 팔순 생일날 아침상도 차려 드리고 어디든지 가고 싶은 곳으로 모신다고 한다. 딸은 곧장 구석구석 청소를 하고 거실 커튼을 세탁해서 걸어 주었다. 그리고 다음 날 주일 예배를 드린 후 가고 싶은 곳을 가자고 한다.

*

가고 싶은 곳

초등학교 4학년을 마치고 열 살 때 떠나온 그곳을 가 보고 싶었다. 70년이 지났는데 어떻게 변했을까? 가고 싶은 마음이 있어도 내가 운전하는 것도 아니고 바쁜 자녀들에게 한가로이 어디를 가고 싶다고 말할 수가 없었는데 오늘에야 그곳에 간다.

함께 공감할 수 있는 작은언니랑 같이 가기로 했다. 늙은이가 너무 극성이라 할까 봐 그 근처에 사는 남동생에게는 연락을 안 하려고 했다. 그런데 언니는

"여기까지 와서 동생을 보고 가야지!"

하면서 나를 나무란다.

동생에게 전화하니 올케가 받아 반가워하며 길을 안내하겠다고 한다. 동생 내외는 벽지 학교를 근무하면서 내가 다니던 초등학교에서 근무했기에 더 가 보고 싶어 했다. 어릴 때에는 자갈이 깔린 넓은 신작로라 생각했는데 포장된 도로지만 무척 좁아 보였다.

학교는 폐교가 된 지 오래 되었고 개인 소유로 태양광 사업을 하고 있었다. 내가 살던 마을 입구에 차를 세워 놓고 정자나무를 찾아갔다. 70년 세월이 지났는데도 그대로 서 있다. 살던 집은 없어지고 밭이 되었다.

허리춤에 책 보따리 매고 학교를 오가며 달리던 곳, 6.25 전쟁 때 겪은 일들을 떠올리며 삼 남매가 옛 추억에 취했다. 나무 그늘도 좋은데 근사한 정자가 지어져 있고 긴 의자도 놓여 있다. 의자에 앉아 있

는 이에게 동네에 살던 사람들을 물어보니 귀촌한 분이라 아무도 모른다고 한다. 만날 사람도 없고 찾아볼 사람도 없었다.

아쉬운 마음을 뒤로하고 돌아오려고 하는데 경운기 소리가 나서 쳐다보니 동생내외가 아는 분이었다. 그 분은 동생 내외가 이곳 학교에서 근무할 때 학부형이었다고 했다. 서로 너무나 반가워했다. 그런데 언니와는 초등학교 동기생이란다. 몇 사람의 안부를 듣다가 아직 그곳에 산다는 분을 만났는데 큼직한 양파 두 망을 준다.

"아이고, 왜 이렇게 많이 주세요?"

"차가 둘인데…."

하면서 사위 차에도 양파를 실어 주었다.

올케의 안내로 부항댐을 구경했다. 부항이라는 첩첩산중 동네가 멀리 보인다. 나의 큰어머니 친정 동네라 어릴 때 큰어머니를 따라가 본 적이 있다. 주변에는 식당도 많고 주말이라 사람도 많았다. 산골 마을이 관광지가 되었다.

유월의 길어진 해도 금세 저물어 서둘러 그곳을 떠나왔다. 언니를 모셔다 주고 집에 오니 열 시가 가까운데 딸과 사위가 또 마트를 다녀온다. 음력 오월 초이틀 팔순 생일 아침에 딸이 차려주는 생일상을 받으니 감개무량했다. 엄마를 위해 2박 3일간 다녀간 딸 내외가 잊히지 않는다.

*

감사와 소원

팔순이라고 자녀들이 모아준 돈으로 목사님과 몇 분 성도들에게 식사를 대접했다. 또 거창에서 함양까지 거리가 있지만 대접하고 싶은 마음이 있어 고등학교 동기생 몇 명을 초대했다. 〈나무달쉼터〉 식당에서 건강밥상으로 대접하고 커피숍에서 차도 마시고 헤어졌다. 노모당 회원들에게도 점심을 대접하고 다과를 나누며 한나절 잘 놀았다.

칠순 잔치를 할 때 '참 오래 살았구나' 생각했는데 이제 팔십이다. 허리도 다리도 어깨도 불편한 데가 많다. 병원 가는 날이 많아진다. X-Ray, CT, MRI 등 정밀검사를 해도 노환이라 고칠 수가 없다고 한다. 검사비만 많이 나오고 아들의 수고가 이만저만이 아니다.

또 갑자기 어지러워 의원 두 곳을 다녀도 낫지 않아 작은딸이 서울 고려대학병원에 예약해 놓고 데리고 가서 치료를 받았다. 이석증이라 오래 두어 시기를 놓치면 고치지 못하는데 서둘러 와서 다행이라며 순식간에 치료해 준다. 돌아올 때는 버스를 타고 올 수 있어서 얼마나 다행인지 모른다.

이제는 귀가 어두워 보청기도 했다. 보청기 때문에 자주 서울을 오가는데 아들이 마중 나오고 손자가 터미널까지 안내해 준다. 이제는 완전히 어린아이가 된 것 같다. 자녀들의 돌봄이 없으면 혼자는 아무것도 자신이 없다. 칠십대 초반까지만 해도 가방을 끌고 들며 지하철을 갈아타면서 씩씩하게 잘도 다녔는데….

이제는 아주 가까운 곳은 천천히 걸어다니지만 많이 걷기가 어려워 노인전동차를 타고 수영장도 다니고 미장원도 간다. 자녀들이 여러 가지 건강식품과 생활에 필요한 각종 물품들을 수시로 보내 준다.

나는 매일 감사할 뿐이다. 가진 재산이라고는 내가 거처하는 작은 집 이것뿐이지만 아무도 부럽지 않다. 가장 보람 있는 것은 성경 필사한 것, 다섯 권이다. 섬기는 교회에 한 권 드리고 싶고, 자녀 사 남매에게 한 권씩 유품으로 남기고 싶다.

한평생을 돌아보면 많은 고비와 견디지 못할 만큼의 어려움도 있었지만 지금까지 나를 붙드시고 인도하신 하나님께 감사하고, 기도와 여러 도움을 주신 많은 분들에게 감사하고 싶다. 특히 자녀들의 가정이 평안하고 주의 일에 열심을 내는 것을 볼 때에 감사하다.

천국 가는 그날까지 주님의 몸된 교회에 새벽마다 나아가 교회를 위해, 자녀를 위해, 나라와 민족을 위해 늘 기도로 섬기는 사람이 되기를 소원한다.

감사의 글

엄마의 책 출판을 준비하며 자녀들이 시간을 내어 글을 교정했습니다. 이 작업을 통해 엄마의 80년 세월을 관통하는 경험을 하게 되었지요. 아는 이야기, 혹은 몰랐던 이야기, 참으로 특별하고 귀한 시간이었습니다.

하나님께서 사랑하는 사람을 어떻게 부르시는지 보았고, 한 사람을 통해 들어 온 복음이 그 집안과 이웃으로 확산되는 모습도 볼 수 있었습니다. 그리고 하나님이 사람을 통해 일하시는 현장도 보았습니다.

나의 엄마는 자신의 목소리를 내지 않고 순종하는 삶을 살아오셨는데 늘 뒤에는 든든한 백이 있었습니다. 그 백그라운드는 어디에도 견줄 수 없는 든든한 아버지, 하나님이었습니다. 하나님을 잘 알지 못했던 어린 시절에도, 환경에 눌려 하나님을 예배하지 못할 때에도 하나님은 동일한 사랑으로 함께해 주셨습니다.

사람에게 실망할 때, 경제적으로 어려울 때, 젊은 시절 남편의 배신이 있었던 시간 속에서도 하나님은 함께하셔서 묵묵히 일상을 살아낼 수 있게 안아주셨습니다. 유일한 피난처이며 변치않는 친구이며 진정한 위로자이며 참 구원자가 하나님이라고 엄마는 글 속에서 온 삶을 통해 고백하십니다. 그 고백을 보며 자녀 된 입장에서 얼마나 다행이고 감사한지 모릅니다.

힘도 없고 주장도 없고 요령도 없이 살아온 삶이 실패나 후회의 삶이 아니었다고 고백하는 엄마가 자랑스럽습니다. 조용하지만 주 안에서 승리하는 삶으로 친히 인도하셨던 분은 하나님이시고, 하나님은 신실하신 구원자이십니다. 그 엄마의 하나님이 우리의 하나님, 나의 하나님 되심에 오늘도 감사드리며 끝까지 엄마와 함께하실 하나님께 감사와 찬양을 드립니다.

때 저물어서 날이 어두니 구주여 나와 함께하소서
내 친구 나를 위로 못할 때 날 돕는 주여 함께하소서

내 사는 날이 속히 지나고 이 세상 영광 빨리 지나네
이 천지만물 모두 변하나 변찮는 주여 함께하소서

주 홀로 마귀 물리치시니 언제나 나와 함께하소서
주 같이 누가 보호하리까 사랑의 주여 함께하소서

이 육신 쇠해 눈을 감을 때 십자가 밝히 보여주소서
내 모든 슬픔 위로하시고 생명의 주여 함께하소서
_찬송가 481장

요령 없는 인생
타협 없는 신앙

초판 인쇄 2022년 2월 10일
초판 발행 2022년 2월 14일

지 은 이 이금자
펴 낸 곳 코람데오
등 록 제300-2009-169호
주 소 서울시 종로구 세종대로 23길 54, 1006호
전 화 02) 2264-3650, 010-5415-3650
Fax 02) 2264-3652

E-mail soho3650@naver.com

ISBN | 979-11-92191-03-4

값 12,000원

※ 잘못된 책은 바꾸어 드립니다.